Gustav Struve

Kurzgefasster Wegweiser für Auswanderer

Mit besonderer Rücksicht auf Nordamerika, die brittischen Colonien, Mexiko, die

südamerikanischen Republiken, Brasilien und Australien

Gustav Struve

Kurzgefasster Wegweiser für Auswanderer
Mit besonderer Rücksicht auf Nordamerika, die brittischen Colonien, Mexiko, die südamerikanischen Republiken, Brasilien und Australien

ISBN/EAN: 9783743416888

Hergestellt in Europa, USA, Kanada, Australien, Japan

Cover: Foto ©Lupo / pixelio.de

Manufactured and distributed by brebook publishing software
(www.brebook.com)

Gustav Struve

Kurzgefasster Wegweiser für Auswanderer

Kurzgefaßter Wegweiser

für

Auswanderer

mit besonderer Rücksicht auf

Nordamerika

die brittischen Colonien, Mexiko, die südamerikanischen
Republiken, Brasilien und Australien.

von

Gustav Struve.

———————✦✦✦———————

Bamberg 1867.
Verlag der Buchner'schen Buchhandlung.

Druck von Junge & Sohn in Erlangen.

Inhaltsverzeichniß.

IV

Vierter Abschnitt.

Wie soll man auswandern?

Fünfter Abschnitt.

Wie kommt man am besten fort in der neuen Welt?

§. 1. Einleitung.

Die Macht der Thatsachen ist groß, und wer in der Welt fortkommen will, muß auf dieselbe stets Rücksicht nehmen. Eine Thatsache von hoher Bedeutung für Deutschland ist die Auswanderung. Der Eine hält es für ein Unglück, daß dem Vaterlande durch die Auswanderung so viele tüchtige Kräfte verloren gehen. Der Andere hält es für ein Glück, daß die überflüssigen Kräfte der alten Welt nach Ländern ziehen, welche ihnen größere Vortheile bieten. Alle kommen darin überein, daß es von der höchsten Wichtigkeit ist, genaue Kenntnisse über die in den Auswanderungs-Ländern bestehenden Verhältnisse, die Reise dahin, und die Mittel, in der neuen Welt fortzukommen, zu besitzen. Wer solche Kenntnisse besitzt, kann nach den Umständen zu Hause bleiben, falls er die Heimat vorzieht, oder auswandern, falls er hofft, in der neuen Welt eine glücklichere Zukunft zu finden.

Der Verfasser dieses Büchleins rathet Niemanden zur Auswanderung. Seine Absicht besteht nur darin, demjenigen, welcher den Gedanken der Auswanderung hegt, solche Mittheilungen zu machen, daß er selbstständig prü=

G. Struve, kurzer Wegw. f. Ausw.   1

fen kann, ob er besser thue, zu Hause zu bleiben oder in der Ferne eine neue Heimat zu suchen.

Nicht zu läugnen ist, daß sich in der alten Welt im Laufe der Zeit große Mißbräuche festgesetzt haben, welche deren Bewohnern das Fortkommen erschweren. Die Völker Europas müssen eine große Anzahl kostbarer Hofhaltungen, stehender Heere, Kirchen und Klöster, Geburtsadel und Beamte aller Art ernähren. Dabei sind ihnen durch unvernünftige Gesetze die Hände in mannigfaltiger Weise gebunden. Die Niederlassung und die Verehelichung wird ärmeren Leuten vielfach sehr erschwert. Die Gewerbe sind nicht frei. Die jungen Leute müssen die schönsten Jahre ihres Lebens in der Zwangsjacke der fürstlichen Heere zubringen und sich dazu gebrauchen lassen, ihren Mitbürgern Gewalt anzuthun, sei es um die verrotteten alten Zustände aufrecht zu erhalten, oder fluchwürdige Eroberungskriege zu führen.

Im Laufe einer mehr als 50jährigen, nur wenig unterbrochenen Friedenszeit hat die alte Welt eine Schuldenlast auf sich geladen, welche zu einem Kapitalbetrag von nahezu 19000 Millionen Thalern angewachsen ist und deren Verzinsung beiläufig 750 Millionen Thaler jährlich erfordert.

Zu allen diesen Uebelständen kommt noch hinzu, daß durch den Krieg des Sommers 1866 alle Verhältnisse im deutschen Vaterlande auf's Tiefste erschüttert wurden. Ziemlich allgemein ist die Befürchtung, aus dem Kriege des Jahres 1866 könne sich schon bald ein neuer Kampf entwickeln, welcher nicht nur unermeßliche Summen Geldes, sondern auch zahlreiche Menschenleben verschlingen werde. Die

Auswanderung, welche in den Jahren 1861—1863 et=
was nachgelassen hatte, nahm seit 1864 und namentlich
seit dem Sommer 1866 einen neuen großartigen Aufschwung.

Ein Wegweiser, welcher in gedrängter Kürze dem
Auswanderungslustigen die ihm nothwendigen Kenntnisse
an die Hand gibt, dürfte daher nicht überflüssig sein.

In meinem „Wegweiser für Auswanderer,"*
welcher im Sommer 1866 erschien, konnte ich auf die Er=
eignisse der zweiten Hälfte dieses Jahres nicht Rücksicht neh=
men. Ueberdieß umfaßt er 169 und VI Seiten und ist daher
für manche Personen zu weitläufig. Vorliegender „kurz=
gefaßte Wegweiser" soll nur einige Druckbogen stark
werden und besondere Rücksicht auf die allerneuesten Zeit=
ereignisse nehmen.

Erster Abschnitt.
Die Vereinigten Staaten Nordamerika's.
§. 2. Deren Vorzüge im Allgemeinen.

Von allen Auswanderungsländern sind die Ver=
einigten Staaten Nordamerika's diejenigen, welche dem
Auswanderer die meisten Vortheile versprechen. In den
Jahren 1820 bis 1860 wurden nicht weniger als 5 Mil=
lionen Menschen in die Listen der amerikanischen Einwan=

---

* Verlag der Buchner'schen Buchhandlung in Bamberg, Preis
mit Stahlstichkarte 1 fl. 36 kr., od. 28 Sgr., ohne solche 1 fl. 6 kr.
oder 20 Sgr.

berung eingetragen. Kein anderes Land der Welt kann sich auch nur annäherungsweise einer so großartigen Einwanderung rühmen. Diese Thatsache für sich allein genommen, deutet schon an, daß die Vereinigten Staaten dem Einwanderer die größten Vortheile bieten müssen. Seit dem Jahre 1860 ist zu den 5 Millionen Einwanderer der frühern Zeit noch eine 6. hinzugekommen. 1864 betrug die Zahl der Einwanderer über 200000 Menschen, 1865 287000. Im Jahre 1866 war durchgehends die Zahl der Einwanderer größer, als im Jahre 1865; voraussichtlich wird daher in diesem Jahre die Einwanderung die Zahl von 300000 um ein Bedeutendes übersteigen.

Die Vereinigten Staaten Nordamerika's bieten dem Einwanderer 1) eine Freiheit auf allen Gebieten des Lebens, in Staat und Kirche, Kunst und Wissenschaft, Niederlassung, Gewerbe und Verehelichung, wie sie sich in keinem Staate der Welt wiederfindet. 2) Einen Zustand der Bildung, welcher demjenigen der besten Länder Europa's entspricht. 3) Wohlfeile Preise der Güter und hohen Arbeitslohn, 4) endlich insbesondere für den Deutschen, zahlreiche Landsleute, welche ihm das Fortkommen erleichtern und eine seinen Gewohnheiten entsprechende Lebensweise möglich machen.

Bis zum Jahre 1865 lastete auf den Vereinigten Staaten Nordamerika's ein drückender Alp. Bis dahin bestand in dem südlichen Theile der Union die Sklaverei, welche nicht blos diejenigen Staaten, in welchen sie bestand, schändete und unglücklich machte, sondern auch im Norden die verderblichsten Folgen hatte, weil der Gegensatz zwischen freier Arbeit und Sklaverei den gesammten

Zustand der Union berührte und der Süden im Norden zahlreiche Knechte hatte, welche, statt für die Freiheit des Nordens, für die Sklaverei des Südens in die Schranken traten. Seit dem Jahre 1865 ist die Sklaverei für das ganze Gebiet der Vereinigten Staaten in verfassungsmäßiger Weise abgeschafft. Allein die Reibungen zwischen den ehemaligen Sklavenhaltern und deren ehemaligen Sklaven-bauern fort und machen es den freien Arbeitern schwer, sich inmitten aufgeregter Leidenschaften heimisch zu fühlen. Wie daher im Allgemeinen dem Einwanderer die Ver. Staaten Nordamerikas vor allen andern Ländern empfohlen werden können, so muß doch diese Empfehlung besonders auf die mehr nördlich gelegenen Staaten beschränkt werden. Der europäische, insbesondere der deutsche Arbeiter, wird sich in den südlichen Staaten der Union, in welchen bis zum Jahre 1865 die Sklaverei bestand, schwerlich wohl fühlen. Denn, wenn auch die Sklaverei abgeschafft ist, so konnten doch zu gleicher Zeit nicht alle jene gehässigen Leidenschaften beseitigt werden, aus welchen die Sklaverei hervorging und welche durch diese genährt wurden. Im Süden der Ver. Staaten ruht daher immer noch auf der Arbeit ein gewisser Makel, während im Norden die Arbeit in hohen Ehren steht. Hierzu kommt noch, daß im Süden der Einwanderer nicht mit denselben günstigen Augen angesehen wird, als im Norden. Wer daher nicht durch besondere Beziehungen an den Süden der Ver. Staaten geknüpft wird, thut gewiß wohl, den Norden vorzuziehen.

In den Ver. Staaten Nordamerika's, dem südlichen Theile sowohl als dem nördlichen gibt es keine Kaiser,

Könige, Großherzoge, Herzoge und Fürsten, auch keine Grafen, Freiherrn und sonstige Adlige, welche auf den einfachen Bürger mit Verachtung herabsehen, von dessen Arbeit in Saus und Braus leben und zum Danke dafür den Staat nicht zum Besten des Volkes, sondern zum Vortheil der bevorzugten Classen einrichten. In Amerika gibt es auch keine stehenden Heere, welche das Mark des Volkes verzehren, keinen Beamtenstand, welcher sich besser dünkt, als das Volk und keine Geistlichkeit, welche vom Staate ernährt wird.

Alle Beamten des Staates werden vom Volke gewählt und durch andere ersetzt, nach kurzer Frist, wenn das Volk mit ihnen nicht zufrieden ist. Das stehende Heer ist selbst jetzt, nach dem furchtbaren Bürgerkriege der Jahre 1861—1865 so wenig zahlreich, daß es neben dem bewaffneten Volke kaum in Betracht zu ziehen ist. Seine Zahl wird bestimmt durch den Congreß, d. h. die Abgeordneten des Volkes, welche es verringern werden, sobald die Verhältnisse es erlauben. Allein auch im gegenwärtigen Augenblicke ist es nicht so groß, als das stehende Heer des Königreichs Bayern, welches nicht mehr Bewohner zählt als der Staat New-York, einer der 36 Staaten der Union. Unter dem Schutze der Freiheit haben denn auch die Ver. Staaten Nordamerikas einen außerordentlichen Aufschwung genommen. Im Jahre 1783, als die Unabhängigkeit der Ver. Staaten von deren Mutterlande England anerkannt werden mußte, bestand die Union aus 13 Staaten. Jetzt ist diese Zahl auf 36 gestiegen, wozu noch 10 Territorien, d. h. in der Bildung begriffene Staaten, kommen. Die Bevölkerung der Union be-

trug im Jahre 1783 2203000 Menschen. Im Jahr
1860 war sie auf 31½ Millionen gestiegen. Mit außer=
ordentlicher Regelmäßigkeit nahm die Bevölkerung alle
10 Jahre um 31—32% zu; der Wohlstand des Volkes
aber in einem weit höhern Grade, nämlich um 126%.
Alle diese Fortschritte waren die klar nachweisbaren Fol=
gen eines wahrhaft freien öffentlichen Lebens, und da
diese Freiheit nicht blos fortbesteht, sondern auch, durch
die Abschaffung der Sklaverei von ihrem einzigen Flecken
gereinigt worden ist, so läßt sich mit Bestimmtheit vor=
aussagen, daß die Vortheile, welche die Vereinigten Staa=
ten Nordamerikas dem Auswanderer bieten, in der
Zukunft keineswegs ab=, sondern vielmehr zunehmen
werden.

Die Abschaffung der Sklaverei wirkt sehr günstig
auf alle Arbeiterverhältnisse. In der Unabhängigkeitser=
klärung vom 4. Juli 1776 war zwar allen Bewohnern
der Vereinigten Staaten das unveräußerliche Recht auf
Leben, Freiheit und Glückseligkeit verbürgt. Allein da
die Sklaven des Südens von diesem Rechte ausgeschlossen
waren, behaupteten viele, die betreffende Stelle der Un=
abhängigkeitserklärung sei eine bloße Redensart ohne alle
ernstliche Bedeutung. Durch die Abschaffung der Skla=
verei im Laufe des Jahres 1865 hat das Recht jedes
Amerikaners auf Leben, Freiheit und Glückseligkeit eine
neue Bestätigung erhalten.

In Europa reicht das Heimathsrecht nicht über die
Grenze einer Gemeinde hinaus. Der Bürger der Ver.
Staaten Nordamerikas hat eine Heimath, welche nahezu
4 Millionen engl. Quadratmeilen umfaßt und selbst der

Fremde braucht nur die Erklärung abzugeben, daß er Bürger werden wolle, um nach Ablauf von 5 Jahren volles Bürgerrecht zu erlangen. Bis dahin ist er aber auch in dem Besitze seiner ewigen und unveräußerlichen Menschenrechte. Keine Macht der Erde kann ihn von irgend einem Orte, an dem er sich niederlassen will, ausweisen. Er kann jedes beliebige Geschäft ergreifen, ohne deßfalls bei irgend einer Behörde anfragen oder sich melden zu müssen. Er kann sich verheirathen, ohne daß er irgend eine Urkunde vorzulegen brauchte, oder daß er ein Aufgebot ergehen lassen müßte. Die Handlung der Verehelichung kostet nicht mehr als 2 fl. 30 kr. und wird während der Geschäftsstunden in 10 Minuten abgemacht.

Die Vereinigten Staaten Nordamerikas sind im eigentlichen Sinne des Wortes Arbeiterstaaten. Nirgends in der Welt steht dauernd der Arbeitslohn so hoch, nirgends nimmt der Staat so viele Rücksicht auf die Bedürfnisse und Wünsche der Arbeiter, — natürlich, denn die überwiegende Mehrzahl der Bewohner der Vereinigten Staaten Nordamerika's besteht aus Arbeitern, welche daher ihre Gesetzgeber, Richter und Vollstreckungsbeamten nach ihrem Sinne wählen können.

Der erwählte oberste Beamte der Vereinigten Staaten Nordamerika's, der Präsident, dessen Gewalt sich über ein Land von der Größe Europa's erstreckt, bezieht einen jährlichen Gehalt von 25,000 Dollar's, oder 62,500 fl., während die Hofhaltungen Europa's beiläufig 100,000000 fl. verschlingen. In einem ähnlichen Verhältnisse stehen die Ausgaben der Vereinigten Staaten

Nordamerika's zu denjenigen des alten Europa in mehreren andern Beziehungen z. B. in Betreff der Kosten der stehenden Heere einer übergroßen Bureaukratie u. s. w. Während im alten Europa die Staatsschulden selbst im tiefsten Frieden immer wachsen für deren Abtragung nur insofern Sorge getragen wird, als Anlehen zur Deckung der alten gemacht werden, sind in Amerika unmittelbar nach dem Ende des furchtbaren Bürgerkrieges der Jahre 61—65 solche Einrichtungen getroffen worden, daß die gesammte Staatsschuld, welche im August 1865 die Höhe von 2800,000000 Dollars erreicht hatte, vor Ablauf von 10 Jahren, vielleicht schon in 5 Jahren vollständig getilgt sein wird. Gleich im ersten Jahre nach dem Ende des Krieges wurden 185,000000 Dollars auf Verminderung der Staatsschuld verwendet. In Amerika wird der Staat durch das Volk und zum Besten des Volkes verwaltet, während die Völker des alten Europa für vieles Ueberflüssige dienen und zahlen müssen.

§. 3. Landwirthschaftliche Verhältnisse.

Derselbe Aufschwung, welchen alle Erwerbszweige im Schooße der vereinigten Staaten nahmen, tritt auch ins Besondere in Betreff der Landwirthschaft hervor.

Im Jahre 1850 betrug z. B. der Werth der Güter in Dollars 3271,000000. Im Jahre 1860 war derselbe 6650,000000 gestiegen. Der Werth des lebenden Viehs betrug 1850 544,000000, 1860 1108,000000 Dollars. Die Landwirthe Amerikas haben durchschnittlich im Laufe von 10 Jahren ihr Vermögen mehr als verdoppelt, zu

einer Zeit, da auf der Landwirthschaft zwei große Uebelstände lasteten, nämlich 1) die Sklaverei und 2) die
Spekulation mit Staats=Ländereien. Durch die Abschaffung der Sklaverei ist es dem freien Arbeiter viel
leichter gemacht worden, sich durch den Landbau eine bedeutende Einnahme zu sichern. Die Conkurrenz mit der
Sklavenarbeit war für den freien Arbeiter nicht blos
bemüthigend, sondern auch in pekuniärer Beziehung nach-
theilig. Der Sklave, welchem sein Herr jeden Lebensge-
nuß versagte, konnte natürlich wohlfeiler produziren, als
der freie Arbeiter, welcher an eine, seiner Stellung im
Staate entsprechende Lebensweise gewöhnt war. Seit
die Sklaverei abgeschafft ist, muß der ehemalige Sklavenhalter, wenn er sein Land nicht brach liegen lassen will,
für jede Arbeit, welche er braucht, einen entsprechenden
Lohn bezahlen.

Der Gegensatz zwischen freier Arbeit und Sklavenarbeit, welcher am schwersten auf der Landwirthschaft
lastete, hat aufgehört.

Nicht minder verderblich für den Aufschwung der
Landwirthschaft war die Spekulation, welche in frühern
Zeiten mit Staats=Ländereien getrieben wurde. Einzelne
reiche Leute kauften ganze Bezirke auf, wählten sich die
bestgelegenen Ländereien an Seen und Flüssen aus und
ließen dieselben unbebaut liegen, bis sie zu einem hohen
Preise losgeschlagen werden konnten. Der wenig be-
mittelte Einwanderer mußte meistentheils von diesen Spe-
kulanten das Land kaufen, das er bebauen wollte. Dieses
ist jetzt alles weit besser geworden.

Nach langen Kämpfen kam am 20. Mai 1862 das

sog. Heimstättegesetz zu Stande, demzufolge das Congreß=
land betriebsamen Ansiedlern der ganzen Erde um die
Kosten der Vermessung und der Verwaltung zur Verfüg=
ung gestellt wird. Die wesentlichen Bestimmungen dieses
Gesetzes sind die folgenden: Jeder volljährige Mensch,
männlichen oder weiblichen Geschlechts, er sei Bürger der
vereinigten Staaten oder habe nur die Erklärung abge=
geben, ein solcher werden zu wollen, kann unter Beob=
achtung der gesetzlichen Förmlichkeiten 160 Morgen Staats=
landes erwerben.

Um sich dieselben zu sichern, hat er gleich Anfangs
nicht mehr als 10 Dollars und $1/2$ % des gesammten
Kaufpreises zu entrichten. Dieser letztere beträgt, wenn
der Ansiedler 160 Morgen Landes nimmt, 1 Dollar
25 Cent. (3 Gulden rheinisch), oder wenn er 80 Mor=
gen oder weniger nimmt 2 Dollar 50 Cent. (6 Gulden
für den Morgen).

Das Eigenthum an diesem Lande erwirbt er aber
erst, wenn er den oben bezeichneten Kaufpreis vollständig
erlegt, auf dem Lande ein Haus errichtet, und wenig=
stens einen Theil desselben angebaut hat.

Zur Entrichtung des Kaufpreises werden dem An=
siedler 5 Jahre Zeit gelassen, doch kann er auch früher
die Eigenthums=Urkunde ausgestellt erhalten, falls er
früher den Kaufpreis bezahlt, vorausgesetzt, daß er die
in Betreff des wirklichen Anbaues gemachte Bedingung
erfüllt hat. Er kann dann nach Belieben darüber ver=
fügen, ohne daß sich dieses Eigenthum von irgend einem
andern unterschiede. Bis dahin aber muß er auf dem
Lande wohnen und darf sich von demselben nicht länger

als 6 Monate hintereinander entfernen. Thut er dieses, d. h. gibt er zu erkennen, daß er wirklich kein Ansiedler ist, so verliert er alle Ansprüche auf das Land.

Wenn sich ein Ansiedler entschlossen hat, in welchem Bezirke er sein Land erwerben will, so kann er sich die Bücher des betreffenden Ländereiamtes aufschlagen lassen und so ermitteln, welches Land noch zu haben ist. Er kann dann dieses selbst einsehen und sich dasjenige aussuchen, das ihm am besten gefällt.

Da beide Geschlechter gleich berechtigt sind, so kann die Frau wie der Mann 160 Acker Landes bekommen, doch ein Ehepaar kann sich nur einmal, nicht zweimal melden. Junge Leute, die sich verheirathen wollen, pflegen daher mit der Verehelichung zu warten, bis sie ihre Ansprüche auf das Land haben eintragen lassen und bis sie die erste Zahlung gemacht haben. Unter dieser Voraussetzung kann der Bräutigam 160 Acker Landes bekommen und auch die Braut.

Dieses Gesetz ist seit dem 1. Januar 1863 in Wirksamkeit und hat sich bereits außerordentlich vortheilhaft erwiesen.

§. 4. Handel und Gewerbe.

Die vereinigten Staaten Nordamerikas waren zwar seit ihrem Bestehen wesentlich Ackerbau-Staaten, allein schon frühzeitig blühten in ihrem Schooße Handel und Gewerbe. Vom atlantischen Ocean bis zum stillen Meere und von den Seen des Nordens bis zur Grenze Mexikos, d. h. in einem Lande, welches fast so groß ist als ganz

Europa, befindet sich keine Zollschranke. Die Waaren gehen von einem Ende des unermeßlichen Landes zum andern, ohne daß der Kaufmann an den Staat oder an Gemeinden irgend einen Zoll bezahlen oder durch irgend eine Untersuchung aufgehalten würde. Außer den vielen schiffbaren Strömen befördern zahlreiche Canäle und Eisenbahnen den Verkehr. Die junge Republik der vereinigten Staaten hat sich bereits an die Spitze aller Seemächte der Erde hinangeschwungen. Kein Land der Erde besitzt so treffliche Maschinen, als die vereinigten Staaten Nordamerika's. Der Tonnengehalt sämmtlicher eingetragenen Schiffe der vereinigten Staaten betrug im Jahre 1861 über 5½ Million. Im Jahre 1862 auf 1863 betrug die Ausfuhr einheimischer Produkte über 300 Millionen Dollars oder 750 Millionen Gulden. Im ganzen Gebiete der Union bestanden 1860 über 700000 Fabriken mit einem Kapital von mehr als 500,000000 Dollars, welche für mehr als 550,000000 Dollars Rohmaterial verbrauchten, nahezu 1000000 Arbeiter und Arbeiterinnen beschäftigten, an diese einen Lohn von 236,000000 Dollars auszahlten und einen Werth von mehr als 1000,000000 Doll. produzirten. Zu den Naturprodukten, welche in neuester Zeit die Reichthümer der vereinigten Staaten außerordentlich vermehrt haben, gehören namentlich die edlen Metalle im jährlichen Betrag von 100,000000 Doll. und das Petroleum (Steinöl) im jährlichen Betrage von mehr als 10 Millionen Doll.

§. 5. Die Sprache, Sitten und Gewohnheiten.

Die herrſchende Sprache in den Vereinigten Staaten Nordamerika's iſt die engliſche. Nach ihr iſt die deutſche Zunge diejenige, welche die größte Verbreitung hat. Man nimmt an, daß etwa 7 Millionen Menſchen in den Vereinigten Staaten die deutſche Sprache als Mutterſprache ſprechen, während die Zahl derjenigen, welche die franzöſiſche, ſpaniſche, italieniſche oder irgend eine andere Sprache als Mutterſprache ſprechen, weit geringer iſt. Sprachſtudium iſt in Amerika nicht ſehr verbreitet. In den einzelnen Staaten und Städten ſorgen die Behörden dafür, daß in der engliſchen Sprache, ſogar koſtenfrei, Unterricht ertheilt werde. Die engliſche Sprache verbreitet ſich durch Unterricht und perſönlichen Verkehr mehr und mehr, während die Sprachen der übrigen Einwanderer gewöhnlich ſchon in der zweiten Generation durch die engliſche erſetzt werden. Nur die Deutſchen pflegen ſich ihre Sprache viel länger zu erhalten. Viele derſelben, deren Vorfahren ſchon zur Zeit der Königin Anna von England nach Amerika überſiedelten, betrachten heute noch das Deutſche als ihre Mutterſprache, obgleich ſie dieſelbe nicht in ihrer Reinheit bewahrt, vielmehr mit vielen engliſchen Ausdrücken vermiſcht und in mannigfaltiger Weiſe verdorben haben.

Viele deutſche Einwanderer lernen im Lauf ihres ganzen Lebens nicht Engliſch. Sie beſuchen deutſche Kirchen, deutſche Wirthshäuſer, deutſche Geſellſchaften, machen

ihre Geschäfte zum größern Theile wenigstens mit Deut=
schen ab und kommen nicht selten auch ohne Kenntniß
der englischen Sprache vorwärts. Allein es entgeht ihnen
doch mancher Vortheil und mancher Genuß, den sie sich
hätten verschaffen können, falls sie der englischen Sprache
mächtig gewesen wären. Es ist daher jedem deutschen
Einwanderer anzurathen, sich je eher, je lieber die eng=
lische Sprache anzueignen. Gewöhnlich zahlen die Eng=
lisch redenden Amerikaner, namentlich an Arbeitslohn,
höhere Preise, als die Deutschen, allein ohne einige
Kenntniß der englischen Sprache können deutsche Ein=
wanderer nicht hoffen, bei englischredenden Familien je
Arbeit zu finden. In allen Städten, welche nicht ganz
klein sind, gibt es deutsche Zeitungen, mit denen sich
Viele ihr ganzes Leben hindurch begnügen. Allein die
englischen Zeitungen stehen doch dem amerikanischen Leben
um einen Schritt näher als die deutschen. Der Ein=
wanderer wird daher aus den in englischer Sprache ge=
schriebenen Zeitungen das amerikanische Leben doch ge=
nauer kennen lernen als aus den in deutscher Sprache
geschriebenen. Hierzu kommt, daß der Deutsche, welcher
neben seiner Muttersprache auch der englischen mächtig
ist, in vielen Geschäften den Vorzug hat, indem er theils
den Dolmetscher machen, theils mit größerer Leichtigkeit
mit Personen deutscher und englischer Sprache Verkehr
pflegen kann.

Wer in Amerika vorwärts kommen will, thut wohl,
sich die dort herrschenden Sitten und Gewohnheiten mehr
oder weniger anzueignen. Die Sitten und Gewohnhei=
ten der höher gebildeten Classen Amerika's und Europa's

sind nicht wesentlich verschieden. Allein durchschnittlich herrscht unter denselben Classen in Amerika ein feinerer Ton als in Europa. Durchschnittlich lebt der einem und demselben Stande Angehörige in Amerika besser als in Europa. Er besitzt, wenn nicht eine größere, so doch eine bequemer und eleganter eingerichtete Wohnung. Er trägt bessere Kleidung und reinlichere Wäsche. Mit den Lebensgewohnheiten der sog. bessern Classen verbinden sich meistentheils auch deren Sitten. Fluchen, schimpfen, wüthen und toben, wie es in Deutschland noch immer zu oft vorkommt, wird in Amerika weit bitterer getadelt und gibt weit größern Anstoß als im alten Vaterlande. Wer irgend Anspruch auf gebildeten Umgang machen will, muß sich weit rücksichtsvoller benehmen, als dieß in Europa und namentlich in Deutschland üblich ist. Das weibliche Geschlecht und überhaupt der schwächere Theil der Menschheit und daher auch die Kinder, werden in Amerika weit höflicher und anständiger behandelt, als in der alten Welt. Ein unhöfliches und unfreundliches Benehmen, Frauenzimmern, Kindern und armen Leuten gegenüber, gibt in Amerika viel größern Anstoß als in Deutschland. Durchschnittlich sind die Amerikaner weit kirchlicher gesinnt als die Deutschen. Sie gehen öfter in die Kirchen, bezeugen den Geistlichen und überhaupt allen religiösen Gegenständen mehr Ehrerbietung als die Deutschen und fühlen sich weit leichter als diese verletzt, falls in ihrer Gegenwart Religion, Kirche oder Geistlichkeit in herabwürdigender Weise besprochen werden.

Gewiß fehlt es auch in Amerika weder an Rohheit, noch an Gemeinheit, allein wer sich diesen Lastern ergibt,

wird früher oder später seinen Mann finden, der ihn da=
für züchtigt. Kommt eine Handlung der Rohheit und
Gemeinheit vor den Richter, so bleibt eine strenge Be=
strafung gewiß nicht aus. Ein Richter, von welchem
man weiß, daß er nicht den Muth besitzt, der Gemeinheit
und Rohheit mit Strenge entgegenzutreten, verliert schnell
die Achtung seiner Mitbürger, während ein Richter, welcher
unter allen Umständen dem Laster mit Strenge entgegen=
tritt, die öffentliche Meinung für sich gewinnt und durch
deren Stimme zu höheren Aemtern emporgehoben wird.

§. 6. Geld, Maß und Gewicht*).

Das amerikanische Geld ist sehr bequem. Die
Münzeinheit desselben bildet der Dollar. Derselbe zer=
fällt in 10 Dimes (spr. Deims) und hundert Cents.
Man braucht daher nicht, wie bei uns in Deutschland,
den Thaler mühsam mit Groschen oder den Gulden auf
Kreuzer zurückzuführen. Man addirt ganz einfach und was
an der Stelle der hunderter steht, ist Dollar. Der
Dollar hat einen Werth von 2 fl. 30 kr. rheinisch.
Die Münzen der Vereinigten Staaten
sind in Gold: Adler (eagles spr. Jhgels) = 10 Dol=
lars, halbe Adler = 5 Dollars, 3 Dollars, Viertel=
Adler = $2^1/_2$ Dollars, 1 Dollar, endlich 20 Dollars
oder doppelter Adler. Die Silbermünzen sind Dol=
lars, halbe Dollars, viertel Dollars, Dimes oder zehn=
tel Dollars, halbe Dimes oder 5 Cents, 3 Cents=Stücke.
Außerdem finden sich noch Münzen, welche 1 und welche
$1/_2$ Cent gelten in Kupfer und 1 Cent=Stücke in Nickel.

*) Courssliste siehe am Ende.

G. Struve, kurzer Wegw. f. Ausw.   2

Alles europäische Metallgeld kann leicht und ohne großen Verlust in amerikanisches umgewandelt werden. Außer den oben beschriebenen Münzen gingen in den Vereinigten Staaten vor Ausbruch des Krieges die Noten zahlreicher Banken. Im gewöhnlichen Leben sah man mehr Papiergeld, als Metallgeld, doch stand das eine immer in gleichem Curse mit dem andern. Nach dem Ausbruche des Bürgerkrieges haben sich jedoch die Geldangelegenheiten der Vereinigten Staaten wesentlich verändert. Die Centralgewalt hatte früher kein Papiergeld ausgegeben. Das cursirende Papiergeld ging von Privatbanken aus und war in sofern mit großen Uebelständen verknüpft, als sehr viele falsche Banknoten vorhanden waren, welche nur mühsam von den ächten unterschieden werden konnten. Als der Krieg große Kosten verursachte, sah sich die Centralgewalt veranlaßt, Papiergeld in bedeutenden Quantitäten auszugeben, und zwar nicht blos in größern Summen, im Werthe von 1000, 500, 100, 20, 10, 5 und 1 Dollars, sondern auch in kleinern Beträgen von 50 Cents, 25 Cents, 10 und 5 Cents. Allmählich verschwand das Metallgeld fast gänzlich aus dem Verkehre, selbst Cent-Stücke wurden nur selten gesehen. Das Papiergeld sank im Werthe und zwar in dem Maaße, daß nahezu 3 Dollars Papiergeld nur einem Dollar Metallgeld an Werth gleich kamen. In demselben Maaße, als die Rebellion der Sklavenhalter Niederlagen erlitt, stieg aber das Papiergeld der Vereinigten Staaten wieder. Dermalen hat ein Papierdollar ungefähr den Werth von 74 Cents. Seit einem Jahre ist das amerikanische Papiergeld, wenn auch mit einigen Schwankungen, und langsam, immer gestiegen, es ist daher zu hoffen, daß dieses Steigen, falls nicht unerwartete Verhältnisse eintreten sollten, fortgehen werde, bis Papiergeld und Metallgeld wieder gleichen Werth besitzen. Das von den Vereinigten Staaten ausgegebene Papiergeld beruht auf einem Gesetze (der sog. national-currency-act) und hat als Grundlage den gesammten Staatscredit, den Credit aller amerikanischen Banken, und mehr oder weniger das gesammte Vermögen aller Bürger der Vereinigten Staaten. Sämmtliche Banken der Vereinigten Staaten sind für das Papiergeld der Union haftbar gemacht.

Während es früher Banknoten der verschiedensten Art gab, cursiren jetzt nur noch Noten der Vereinigten Staaten. Das Papiergeldwesen ist dadurch sehr vereinfacht worden. Bevor Papier- und Metallgeld aber wieder gleichen Werth haben, ist es nothwendig immer auf den Curs des Papiergeldes Rücksicht zu nehmen.

Die Maaße sind ganz die britischen.

1) Das Längenmaaß. 1 Zoll, 12 Zoll = 1 Fuß, 3 Fuß = 1 Yard, 5½ Yards = 1 Ruthe, 40 Ruthen = 1 Fourlong, 8 Fourlongs = 1 englische Meile; 1 Fathom = 6 Fuß oder 2 Yards; 3 Yards = 5 Frankfurter Ellen.

2) Das Flächenmaaß; 144 Quadratzoll = 1 Quadratfuß, 9 Quadratfuß = 1 Quadrat-Yard, 30¼ Quadrat-Yards = 1 Quadrat-Ruthe, 40 Ruthen (poles) = 1 Rood, 4 Roods = 1 Acre, 640 Acres = 1 englische Quadratmeile.

3) Trockenes Maaß: 34½ Kubikzoll = 1 Pinte, 2 Pin-

ten = 1 Quart, 4 Quarts = 1 Gallone, 2 Gallonen = 1 Peck, 4 Pecks = 1 Bushel, 4 Bushel = 1 Coom, 20 Cooms = 1 Last.

4) Weinmaaß: 28,875 Cubik-Zoll = 1 Pinte, 2 Pinten = 1 Quart, 4 Quarts = 1 Gallone, $31\frac{1}{2}$ Gallonen = 1 Barrel, $1\frac{3}{4}$ Barrels = 1 Tierce $1\frac{1}{2}$ Tierces = 1 Hogsheab, $1\frac{1}{2}$ Hogsheads = 1 Pune.

5) Biermaaß: 35,25 Cubikzoll = 1 Pinte, 2 Pinten = 1 Quart, 4 Quarts = 1 Gallone, 9 Gallonen = 1 Firkin, 4 Firkins = 1 Barrel, $1\frac{1}{2}$ Barrels = 1 Hogsheab, 2 Hogsheads = 1 Butt.

Auch die Gewichte sind von England entlehnt:

1) Troy-Gewichte: 24 Gran = 1 Drachme, ober Penny, 20 Drachmen = 1 Unze, 12 Unzen = 1 Pfund.

2) Handels-Gewicht: 16 Drachmen = 1 Unze, 162 Unzen = 1 Pfund, 28 Pfund = 1 Quartrel, 100 Pfund = 1 Centner = 96,96 Pfund kölnisch.

3) Apotheker-Gewicht: 20 Grains (Gran) = 1 Skrupel, 3 Skrupels = 1 Drachme, 8 Drachmen = 1 Unze und 12 Unzen = 1 Pfund.

§. 7. Politische Verhältnisse.

Die Grundlage, auf welche die politischen Verhält-nisse der nordamerikanischen Freistaaten gebaut wurden, ist eine boppelte: eine theoretische und eine praktische. Die Theorie der amerikanischen Politik ist ausgesprochen in der Unabhängigkeits-Erklärung vom 4. Juli 1776. Damals waren die Vereinigten Staaten Nordamerika's noch englische Colonien. Es gehörte nicht wenig Muth und Erhabenheit der Gesinnung dazu, die Fahne der

Freiheit zu entfalten und noch größere Entschlossenheit, sie im Kampfe mit der Uebermacht zu behaupten. Ich hebe aus der Unabhängigkeitserklärung die Worte hervor:

„Wir halten folgende Wahrheiten für klar und keines Beweises bedürftig, nämlich: daß alle Menschen gleich geboren, daß sie von ihrem Schöpfer mit gewissen unveräußerlichen Rechten begabt sind, daß zu diesen Leben, Freiheit und das Streben nach Glückseligkeit gehören, daß, um diese Rechte zu sichern, unter den Menschen Regierungen eingesetzt sind, deren gerechte Gewalten von der Zustimmung der Regierten herkommen, daß allemal, wenn irgend eine Regierungsform zerstörend in diese Endzwecke eingreift, das Volk das Recht hat, jene zu ändern oder abzuschaffen, eine neue Regierung einzusetzen, und diese auf solche Grundsätze zu gründen und deren Gewalten in der Form zu ordnen, wie es ihm zu seiner Sicherheit und seinem Glücke am erforderlichsten scheint. Die Klugheit zwar gebietet, schon lange bestehende Regierungen nicht um leichter nur vorübergehender Ursache willen zu ändern, und demgemäß hat alle Erfahrung gezeigt, daß die Menschen geneigter sind, die Leiden zu ertragen, so lange sie zu ertragen sind, als sich durch Vernichtung der Formen, an welche sie sich einmal gewöhnt, selbst Recht zu verschaffen.

Wenn aber eine lange Reihe von Mißbräuchen und unrechtmäßigen Eingriffen, welche unabänderlich immerdar den nämlichen Gegenstand verfolgen, die Absicht beweist, das Volk dem absoluten Despotismus zu unterwerfen, so hat dieses das Recht, so ist es seine Pflicht, eine solche

Regierung umzustoßen · und neue Schutzwehren für seine künftige Sicherheit anzuordnen."

Sechs Millionen Menschen zogen in · den Jahren 1820 bis 1866 von Europa nach den vereinigten Staaten Nordamerika's. Der Magnet, welcher sie hinüberzog, bestand nicht in der Wohlfeilheit des Landes und in der dünnen Bevölkerung, denn auch in Brasilien und in Rußland ist das Land wohlfeil und die Bevölkerung dünn und doch wandern dahin keine Menschenmassen aus. Die Freiheit ist das Zauberwort, welches den Wohlstand und die Bildung der Vereinigten Staaten be= gründet. Freiheit im Staate, im Geschäftsleben und in der geistigen Entwicklung bildet den Unterschied zwischen den Vereinigten Staaten Nordamerika's und der übrigen Welt.

Die praktische Grundlage der amerikanischer Frei= heit bestand zuerst in dem · Freiheitskampfe der Jahre 1776 — 1783 und wurde dann in einem theils friedlichen, · theils · kriegerischen Kampfe von 76 Jahren befestigt.

Die Verfassung vom Jahre 1789 beruht auf einer Theilung der Gewalten, der vollziehenden, richterlichen und gesetzgebenden, welche alle drei zurückgeführt werden auf die · Selbstbestimmung des Volkes.

Die Staatsverfassung der nordamerikanischen Frei= staaten enthält eine so treffliche Vertheilung der Ge= walten, daß von keiner Seite ein Uebergriff der Freiheit und dem Rechte gefährlich werden kann, so lange das Volk wachsam ist. Wie die gesetzgebende, die vollziehende und die richterliche Gewalt sich ge= genseitig bewachen und beschränken, so ist dieses · auch der Fall in dem gegenseitigen Verhältniß der einzelnen Staaten zu einander und zu der Centralgewalt. Der größte von allen Staaten der Union zählt keine 5,000,000 Einwohner, die kleinsten, wie Delaware oder Rhode-Island noch immer 112—174000 Einwohner. Dem mächtigsten Einzelstaate der Union steht daher immer noch eine mehr als fünffache Ueberzahl in den andern Staaten entgegen. Kein einzelner Staat kann daher wagen, der Central-Gewalt den Gehorsam aufzukündigen, und als in den Jahren 1861 — 1865 sogar eilf Staaten abfielen, und drei andere wankten, war die Centralgewalt stark genug, die Rebellion nieder zu werfen. Eben so kräftige Gegengewichte finden sich für den Fall, daß die Centralgewalt sich Uebergriffe erlauben wollte. Der organisirten Centralgewalt steht die organisirte Gewalt von 36 Staaten und 10 Territorien gegenüber. An der Spitze jedes Staates und jedes Territoriums steht ein Gouverneur mit einer vollständig eingerichteten Regierung und einer aus zwei Häusern bestehenden gesetzgebenden Versammlung. Die Centralgewalt besitzt sehr wenig Macht in Verhältnisse zu den organisirten Gewalten der 36 Staaten und 10 Territorien der Union. Die Central-Gewalt hatte vor dem Jahre 1861 unmittelbar nur über ein Heer von 12—14000 Mann zu verfügen. Im Laufe des Krieges wurde das stehende Heer auf 50000 Mann gebracht. Daneben wurde aber ein Freiwilligen-Heer von nahe zu einer Million errichtet, welches zum größten Theil gleich nach dem Ende des Krieges entlassen wurde, allein jederzeit bereit ist, wieder unter die Waffen zu treten, falls das Vaterland seiner bedarf.

Die Einrichtung ist so getroffen, daß der Präsident nur unter Mitwirkung des Congresses und der Gouverneure der einzelnen Staaten die Wehrkraft des Volkes aufbieten kann. Sollte er daher jemals darauf sinnen, seine Gewalt übermäßig auszudehnen, so würde er zuerst an dem Congresse und dann an der organisirten Macht der einzelnen Staaten und Territorien einen unüberwindlichen Widerstand finden. Die Wehrkraft in den einzelnen Staaten wird von den betreffenden Gouverneuren aufgeboten und organisirt. Erst wenn dieses geschehen ist, treten die Truppen in den Dienst der Union. Die einzelnen Staaten brauchen daher nur dem Präsidenten die von ihm verlangten Streitkräfte vorzuenthalten, um denselben aller Macht zu entkleiden. Die meisten Staaten besitzen eine so große Wehrkraft, daß jeder derselben, für sich allein genommen ein größeres Heer ins Feld stellen kann, als die Central-Gewalt unter ihren unmittelbaren Befehlen hat.

Diese unermeßliche Wehrkraft, welche im Laufe der Jahre 1861 bis 1865 viele Millionen Männer ins Feld stellte, steht aber nicht ununterbrochen unter den Waffen, lebt nicht unausgesetzt auf Staatskosten in den Kasernen, sondern arbeitet im bürgerlichen Leben fort, bis das Vaterland sie ruft.

In den meisten Staaten Europa's besteht kaum eine Spur öffentlichen Lebens Kriege werden begonnen, fortgeführt und beschlossen, ohne daß die betreffenden Völker von den Regierungen befragt würden, ja gegen den klaren und bestimmt ausgesprochenen Willen des betreffenden Volkes. Die wichtigsten Angelegenheiten, sogar Verträge,

welche die Staatsverfassung betreffen, werden geheim ge=
halten und oft vergehen Jahrzehnte, bevor die Völker von
denselben Kenntniß bekommen. Anders ist es in den
Vereinigten Staaten Nordamerika's. Hier wirkt das
Volk unausgesetzt auf die Regierung ein. Alle Staatsbeamte
werden direkt oder indirekt vom Volke gewählt. Alle Regier=
ungs=Handlungen werden öffentlich besprochen. Eine fes=
sellose Presse überwacht das gesammte öffentliche Leben.
Die Freiheit der Vereine und der Versammlungen ist un=
beschränkt und das Volk macht von derselben den aus=
gedehntesten Gebrauch. In der alten Welt glauben Viele,
das öffentliche Leben bestehe darin, an den Angelegenhei=
ten des Vaterlandes einen passiven Theil zu nehmen.
Die meisten glauben, ihren Pflichten dem Vaterlande
gegenüber treu zu erfüllen, wenn sie von den Tageser=
eignissen Kenntniß nehmen und über dieselben ihre Ansich=
ten aussprechen. In den Vereinigten Staaten Nord=
amerika's versteht man unter öffentlichem Leben ein sol=
ches, welches aktiv auf die Staats=Verwaltung einwirkt.
Wer sich damit begnügt, seine Ansichten mündlich und
schriftlich auszusprechen, ohne für deren Verwirklichung
weitere Schritte zu thun, gilt für einen leeren Schwätzer.
    Wer an dem öffentlichen Leben im Schooße der
Vereinigten Staaten Antheil nimmt, bringt demselben
unausgesetzt Opfer an Geld und Zeit und ist stets bereit,
für das Vaterland sein Leben einzusetzen. Daher besitzt
das öffentliche Leben der Vereinigten Staaten eine Frische
und eine Kraft, welche, trotz manchen mit demselben ver=
bundenen Auswüchsen, Bürgschaft für eine großartige Zu=
kunft der Republik leistet.

Die Uebelstände, welche nirgends und niemals auf dieser Erde zu vermeiden sind, lassen sich im Schooße der Vereinigten Staaten Nordamerika's auf eine einzige Klasse von Menschen zurückführen: auf die sogenannten Aemterjäger. In Amerika gibt es keine Prinzen, Grafen und Freiherrn, welche vermöge ihrer Geburt auf die einflußreichsten und am besten bezahlten Staatsämter Anspruch machen, allein es gibt auch dort Menschen genug, welche auf Kosten des Staates leben wollen, ohne demselben entsprechende Dienste zu leisten, und da sie nur durch den guten Willen des Volkes einträgliche Staatsämter erringen können, so suchen sie sich diesen oft auf unerlaubte Weise, namentlich durch Schmeicheln, Lug und Trug zu erschleichen.

Man thäte dem amerikanischen Volke aber Unrecht, wenn man keinen Unterschied zwischen ihm und seinen Aemterjägern machte. Das amerikanische Volk besitzt Scharfblick genug, die in seiner Staatsverwaltung herrschenden Uebelstände zu erkennen, allein es ist nicht immer im Klaren über deren eigentliche Urheber. Es besitzt hinreichende sittliche Kraft, um beim Anblicke der von seinen Beamten, Vertretern und Senatoren begangenen Niederträchtigkeiten Entrüstung zu empfinden, allein es bedarf immer einiger Zeit und Organisation, um Abhülfe zu schaffen. Die Männer von reiner Vaterlandsliebe und ächtem Freiheitsgefühle sind seit dem Jahre 1856 und namentlich seit dem Beginne des furchtbaren Bürgerkrieges der Jahre 1861—1865 immer mächtiger geworden, und zwar in dem Maaße, daß sie im Stande sind, den verderblichen Einflüssen des Präsidenten Andreas Johnson aller Orten die Spitze zu bieten.

Zweiter Abschnitt.

Die übrigen Auswanderungs=Länder.

§. 8. Die brittischen Colonien in Nordamerika.

Nächst den Vereinigten Staaten sind es die brittischen Kolonien in Nordamerika, welche sich für deutsche am besten als Auswanderungsländer eignen. Zwar ist die Freiheit derselben nicht so allumfassend, als diejenige der nordamerikanischen Freistaaten; allein sie kommt diesen doch von allen Auswanderungsländern am nächsten. Colonien können als solche schon nie ganz frei sein. Das Mutterland übt auf sie einen gewissen Einfluß aus, welcher ihren Interessen oft nicht entspricht. Hierzu kommt auch noch, daß die brittischen Colonien in Nordamerika, welche nördlicher gelegen sind, als die Vereinigten Staaten schon ein ziemlich rauhes Clima haben.

Die Haltung, welche die englische Regierung und die von derselben abhängigen Colonialbehörden während der Jahre 1861 bis 1865 der amerikanischen Union gegenüber einnahmen, hat die brittischen Colonien in Nordamerika in eine sehr nachtheilige Lage gebracht. Der sogenannte Reciprocitäts=Vertrag, demzufolge zwischen den brittischen Colonien Nord=Amerika's und der Union fast volle Handelsfreiheit bestand, ist von Seiten des Cabinets von Washington gekündigt worden, und im Laufe des Märzmonats (1866) zu Ende gegangen. Die Vereinig=

ten Staaten Nordamerika's waren und sind noch immer
fast das einzige Land, nach welchem die brittischen Colonien Nordamerika's ihre Produkte mit Vortheil absetzen
können. Die Zölle, welche von nun an zu entrichten
sind, lasten schwer auf den bezeichneten Colonien, weil
die Verkäufer dieselben tragen müssen, falls sie mit ihren
Concurrenten der Vereinigten Staaten gleiche Preise
halten wollen.

Die Bevölkerung der brittischen Colonien Nordamerika's ist eine sehr gemischte. Sie besteht zum größeren
Theil aus Britten, Irländern und Franzosen. Die letztern, welche sich von den Britten durch Verschiedenheit der
Sprache und der Religion unterscheiden, waren der englischen Regierung niemals sehr zugethan. Die Irländer,
welche sehr zahlreich sind, hegen gegen die englische Regierung einen Haß, welchen sie ganz offen zur Schau tragen.
Sie stehen in enger Verbindung mit ihren Landsleuten,
welche in den Vereinigten Staaten und denjenigen, welche
im alten Irland wohnen, und welche da und dort die
stärksten Anstrengungen machen, das englische Joch zu
brechen. Die Zahl der Deutschen, welche sich in den
brittischen Colonien Nordamerika's niedergelassen haben,
ist an und für sich nicht groß und ihre Stellung inmitten
der sich gegenseitig anfeindenden Irländer, Franzosen und
Engländer ist sehr unbehaglich. Sie haben Mühe, zu
verstehen, warum sich diese drei Elemente gegenseitig be-
kämpfen und haben von deren Streitigkeiten nur Schaden,
niemals Vortheil zu erwarten. Wer daher nicht durch
ganz besondere Gründe bewogen wird, die brittischen Colonien der Vereinigten Staaten Nordamerika's vorzuziehen,

thut gewiß wohl, falls er als Ziel seiner Auswanderung
die Union erwählt.

Was die Reise nach den brittischen Colonien in Nord-
amerika betrifft, so ist diese auch schwieriger als nach den
Seehäfen der Union, denn sie geht entweder über die letzteren
mit Hinzurechnung einer nicht unbedeutenden Land- oder
Seereise, oder von einem englischen Hafen aus, also mit
Hinzurechnung einer Reise von Deutschland nach England.

§. 9. Mexiko.

An und für sich ist das Land schön und fruchtbar,
und das Clima größtentheils nicht unangenehm; allein
bis zu dieser Stunde haben sich dort keine geordneten Verhältnisse feststellen können. Nachdem das Land das spanische Joch abgeschüttelt, lastete auf demselben dasjenige
des Pfaffenthums. Die Kirche begnügte sich nicht mit der
Hälfte des Landes, welche sie an sich gerissen hatte, und
mit der Steuerfreiheit für ihren Grundbesitz, sie ließ sich für
ihre geistlichen Verrichtungen schwere Gebühren zahlen und
wenn es armen Leuten an baarem Gelde fehlte, zwangen
sie dieselben, Männer und Frauen den Betrag durch Arbeit abzuverdienen. Als sich endlich das Volk von diesen
kirchlichen Bedrückungen zu befreien suchte, riefen die lan-
desverrätherischen Pfaffen die Hülfe des französischen
Kaisers an, welcher mit Waffengewalt den Erzherzog
Maximilian von Oesterreich dem Lande als Beherr-
scher aufnöthigte. Am 10. April 1864 nahm dieser die
ihm scheinbar von mexikanischen Notabeln, in der
That von Kaiser Napoleon III. angebotene mexikanische
Krone an. Am 29. Mai 1864 landete er in Vera-Cruz

und hielt am 10. Juni desselben Jahres in der Hauptstadt Mexiko seinen Einzug. Die Mexikaner ließen sich aber diese Usupation nicht gefallen, sie setzten unter ihrem rechtmäßig gewählten Präsidenten Juarez den Kampf gegen die fremden Eindringlinge fort. Maximilian und sein Lehensherr Napoleon III. gaben sich zwar den Anschein, als wollten sie Mexiko civilisiren. Diese französisch-österreichische Civilisation besteht aber nur in der Abschlachtung freiheitsliebender Mexikaner und in großartigem Schuldenmachen.

Der sogenannte Kaiser Maximilian brachte eine Schuldlast mit, welche jährlich mit beiläufig 67 Millionen Franken verzinst werden sollte. So lange die Rebellion im Schooße der Vereinigten Staaten dauerte, hofften zwar die Gegner der Freiheit, die Monarchie in Mexiko werde sich befestigen. Seit aber das Sternenbanner die Sklavenhalter-Rebellion niedergeworfen hat, ist es augenscheinlich, daß das von Napoleon III. und dem Erzherzog Maximilian von Oesterreich improvisirte mexikanische Kaithum sich nicht behaupten kann. Schon im März 1867 werden die Franzosen Mexiko räumen und dann wird der mexikanische Kaiserthron mit Naturnothwendigkeit in sich selbst zusammen stürzen.

Aus diesen Thatsachen ergibt sich zur Genüge, daß Mexiko dem Auswanderer keine neue Heimath mit rechtlicher Sicherheit und gesetzlicher Ordnung bieten kann. Voraussichtlich wird der Kriegszustand fortdauern bis die Franzosen das Land geräumt haben. Dann wird der Kampf mit den Pfaffenthum wieder aufgenommen werden, welcher ohne Zweifel Jahre lang dauern wird, bevor dessen Macht

wird gebrochen sein. Zwar ist in neuerer Zeit den Nicht=
katholiken Religionsfreiheit versprochen worden, und zwar
sowohl von dem sogenannten Kaiser Maximilian, als der
republikanischen Regierung; allein noch immer ist die rö=
misch=katholische Religion, Staatsreligion in Mexiko und
das mexikanische Volk besitzt noch so wenig Aufklärung,
daß Nichtkatholiken sich in dessen Mitte schwerlich behag=
lich fühlen können.

Zu allen diesen Schwierigkeiten kommt noch diejenige
hinzu, welche die kostspielige Reise nach dem fernen Lande
bereitet. Zwar gehen auch bisweilen von Bremen und
Hamburg Segelschiffe nach Mexiko ab, allein weit seltener,
als nach den Häfen Nordamerika's. Eine regelmäßige
Dampfschifffahrt dahin besteht nicht in deutschen Seehäfen.
Die englischen und französischen Schiffe, welche Passagiere
nach Mexiko aufnehmen, sind sehr theuer.

Die Sprache des Landes ist die spanische, ohne deren
Kenntniß der Einwanderer Mühe hat, sich verständlich zu
machen. Denn in Mexiko findet der Deutsche nur selten
Landsleute, welche die Dolmetscher für ihn sein können,
seltener, als in den brittischen Kolonien, und viel seltener
als in den Vereinigten Staaten Nordamerika's.

§. 10. Die südamerikanischen Republiken.

Diese Republiken lassen sich in vier Gruppen theilen:
1) Die Republiken Central=Amerika's, nämlich: Gua=
temala, San Salvador, Honduras, Nicaragua und
Costa=Rica.
2) In die nördlichen Republiken: Venezuela, Bolivia,
Columbia und Ecuador.

3) In die westlichen Republiken: Peru und Chili, endlich

4) in die La Plata=Staaten: die argentinische Republik, Uruguay und Paraguay.

Alle diese Staaten kommen darin überein, daß sie, gleich Mexiko, früher unter spanischer Herrschaft standen. Diese legte ihnen das Joch des römisch=katholischen Pfaffenthums auf, das sie bis zu dieser Stunde noch nicht abschütteln konnten. Die Folgen davon sind nicht endende Streitigkeiten, welche theils im Innern der einzelnen Republiken, theils unter einander, theils endlich auch mit dem ehemaligen Mutterlande Spanien stattfinden. Während der Kampf zwischen dem Norden und Süden der Vereinigten Staaten noch im vollen Gange war, fing die spanische Regierung ohne allen Grund mit der Republik Peru Streit an und bemächtigte sich der Chincha=Inseln, als die Behörden Peru's nicht sofort die ihnen auferlegten Bedingungen annahmen. Nach kurzer Zeit ließ sich aber der Präsident Pezet einschüchtern und unterzeichnete einen für Peru demüthigenden Vertrag mit welchem die Bevölkerung des Landes höchst unzufrieden war. Im Anfange des Jahres 1865 brach demzufolge eine Revolution aus, welche mit dem Sturze der Regierung endigte. Kaum hatte das spanische Cabinet die Republik Peru gedemüthigt, so fing es mit der benachbarten Republik Chili Streit an, unter den Vorwande, daß diese während des Krieges zwischen Spanien und Peru den letztern Theil begünstigt habe. General Prado, welcher nach gelungener Revolution die Leitung der Angelegenheiten der Republik Peru übernahm, schloß am 5. Dezember 1865 mit der

Republik Chili einen Offensiv= und Defensiv=Allianz=Ver=
trag ab, welchem später die Republiken Bolivia, Ecuador,
Venezuela, San Salvador und Columbia beitraten. Der
Krieg mit Spanien dauert fort. Noch ist ein Ende des=
selben nicht abzusehen. In ähnlicher Weise verhält es
sich mit den Republiken des La Plata=Stromes: der ar=
gentinischen Republik und den Republiken Uruguay und
Paraguay. Anstatt, daß dieselben sich bemühten, die rei=
chen Schätze, welche die Natur ihnen verlieh, friedlich zu
entwickeln, wird seit Jahren ein blutiger Krieg einerseits
zwischen Paraguay, und andrerseits der argentinischen
Conföderation, Uruguay und dem Kaiserreiche Brasilien
geführt. So ungleich die Streitkräfte beider Theile sind,
indem die Republik Paraguay höchstens eine Bevölkerung
von 1¹⁄₂ Millionen Menschen hat, während allein die Be=
völkerung Brasiliens auf 9 Millionen berechnet wird, so
gleichen doch die unermeßlichen Entfernungen dieses Miß=
verhältniß einigermaßen aus, so daß der Krieg noch lange
Zeit dauern kann.

Alle diese Länder sind reich an Schätzen der Natur.
Ihr Boden ist größtentheils fruchtbar, in ihren Gebirgen
finden sich edle Metalle, ihre Wälder bestehen aus den
herrlichsten Holzarten, ihre unermeßliche Ebenen ernähren
Millionen von Pferden und Rindvieh, welche nur gefangen
zu werden brauchen, um sie den Menschen dienstbar zu machen.
Allein was helfen alle diese Schätze, wenn der Staat
dem Bürger keine Sicherheit gewährt und der Bürger den
fremden Ansiedler wegen seiner Religion mit ungünstigen
Blicken betrachtet?

Hierzu kömmt, daß die Reise nach diesen Republiken

noch zeitraubender und kostspieliger ist, als die Reise nach
Mexiko. Um nach den Republiken Central-Amerika's (zu
gelangen) nach den östlichen und westlichen, zu gelangen,
muß man zuerst nach New-York, von da nach Aspinwall
und dann weiter, sei es über die Landenge von Panama
um nach den Westen, oder zur See um nach den östlichen
zu gelangen. Die direkte Verbindung von Deutschland
mit diesen Republiken und denjenigen des La Plata-Stro-
mes findet nur selten statt. Bremen und Hamburg oder
ein englischer Seehafen sind die Orte, von welchen aus
man sich dahin einzuschiffen pflegt. So lange übrigens
die innern Angelegenheiten dieser Republiken nicht besser
geordnet sind, der Krieg zwischen denselben und Spanien
und zwischen Paraguay und dessen Feinden nicht beendigt
ist, kann Niemandem gerathen werden, sein Glück in diesen fernen Gegenden zu versuchen.

§. 11. Brasilien.

Das einzige Land des amerikanischen Continentes,
welches zugleich die Monarchie und die Sklaverei festge-
halten hat, ist Brasilien, mit einem Flächenraume von
3,956,000 englischen Quadratmeilen und einer Bevölkerung von nur 9 Millionen Menschen. Der Boden Brasiliens ist theilweise wenigstens außerordentlich fruchtbar.
Das Land ist reich an schiffbaren Flüssen, der Hauptstrom
des Staates ist der Maranhon oder Amazonenstrom mit
einen Stromgebiete von mehr als 140,000 deutscher Qua-
bratmeilen, $4/5$ der Größe von Europa. Im Südwesten
des Landes findet sich der Parana oder Uruguay und

im Westen der Paraguay. Das Clima des Landes ist zwar heiß, wird aber gemäßigt und erfrischt durch die Nähe des Meeres, die zahlreichen und großen Flüsse und die vielen Gebirge. Die natürlichen Schätze Brasiliens werden von denjenigen keines andern Landes übertroffen. An Mineralien bietet Brasilien die größten und schönsten Diamanten, reines Gold in Menge, Eisenstein, Zinn, Blei, Quecksilber, Schwefel, Alaun u. s. w. der Reichthum an allen Pflanzen ist nicht minder groß. Obst aller Art, und die mannigfaltigsten Gewürze und Apothekerwaaren, Kaffee, Zucker, Baumwolle, Kakao, Tabak und Reis, das trefflichste Schiffbauholz, Getreide aller Art bringt das Land in reichster Fülle hervor. Derselbe Ueberfluß findet sich in der Thierwelt; allein es fehlt dem Lande an Gewerbsfleiß und Betriebsamkeit.

Die Hauptstadt ist Rio de Janeiro, auf einer Halbinsel am atlantischen Meere mit 430000 Einwohnern. Bahia an der Ostseite der Allerheiligenbai mit 120000 Einwohnern; Pernambuco an der Mündung des Cabibaribe mit 62,000 Einwohnern, San Paulo mit 30000 Einw., Para oder Belem am rechten Ufer des Para mit 30000 Einwohnern, Vila real de Cuyaba mit 27000 Einwohnern, Aracaty mit 26000 Einwohnern.

Mehrere deutsche Colonien sind in Brasilien angelegt worden: Die Colonien Petropolis und Neu=Freiburg in der Provinz Rio de Janeiro, die Colonien Donna Franziska, San Pedro d'Alkantara, Santa Isabel und Blumenau in der Provinz Santa Catharina, S. Leopoldo, Tres Forquilhas, Torres und Santa=Cruz in der Provinz Rio Grande do Sul.

Die Colonie Petropolis wurde von den deutschen Einwanderern aus Nassau, Rheinbayern und dem Hunds=rück, und unter der vortrefflichen Anleitung des brasilia=nischen Majors Julius Köhler, eines geborenen Deutschen, der für seine Landsleute ein aufopfernder Held und Hel=fer war, gegründet.

Petropolis liegt etwa 6 deutsche Meilen von Rio de Janeiro entfernt. Daselbst erscheint eine Deutsche Zei=tung, welche von der Regsamkeit der Bevölkerung Kunde gibt. Auch die Colonie Neu=Freiburg, welche über 1500 Köpfe zählt, worunter die größere Hälfte Schweizer, und die kleinere Deutsche sind, gedeiht sichtlich; die größte deutsche Colonie in Brasilien ist die Colonie S. Leopoldo in der Provinz Rio grande do Sul, 4 Meilen von der Stadt Rio Parto.

Uebrigens lastet der Krieg, welchen das Reich mit der Republik Paraguay führt schwer auf dem Lande, noch schwerer aber die Sklaverei, neben welcher die freie Arbeit Mühe hat, aufzukommen. Die Reise nach Brasilien geht über Hamburg oder einen englischen Hafen. Die Landes=sprache ist die portugisische.

§. 12. Australien.

Die englischen Colonien in Australien bestehen aus Neu=Süd=Wales mit der Hauptstadt Sidney, Queensland mit der Hauptstadt Brisbane, Tasmania mit der Haupt=stadt Hobart = Town, Süd=Australien mit Adelaide, Vik=toria mit Melbourne, West=Australien mit Perth und Neu=Seeland mit Auckland. Sie bieten dem Auswanderer ähnliche Zustände, wie sie sich in den brittischen Colonien Nord=Amerika's finden. Doch besitzt Australien weit reichere Naturschätze, als die beiden Canada's, Neu=Braunschweig und Neu = Schottland. Im Jahre 1851 wurden in Australien unermeßliche Goldfelder entdeckt, welche viele Einwanderer dahin zogen. Außer der Goldgräberei bietet die Schafzucht einen reichen Ertrag. Die ersten Colonien wurden in den Jahren 1788 u. 1802 zu Vandiemensland angelegt, und waren Strafcolonien, welche natürlich denjenigen Ansiedlern, die aus eigenem Antrieb nach Australien auswanderten, keine freudigen Gefühle erweckten. Nichts desto weniger nahmen die verschiedenen Colonien Australiens alle einen raschen Aufschwung, namentlich die Colonie Viktoria, welche im Jahr 1865 626,530 Einwohner zählte, die Hauptstadt der Colonie, Melbourne, hatte 80000 Einwohner und Neu=Süd=Walles, welches 1850 schon 200000 Einwohner und 7 Millionen Schafe besaß.

Zu Australien gehört auch Neu=Seeland, welches aus 2 großen und mehreren kleinen Inseln besteht. Bis zum Jahre 1859 waren die Ureinwohner noch Cannibalen, seit dieser Zeit hat zwar der Cannibalismus aufgehört, die Bevölkerung der Ureinwohner ist aber von 100,000 auf 56.000 zusammengeschmolzen, während die europäischen Ansiedler sich auf 60,000 vermehrten. In der jüngsten Zeit haben noch verschiedene Kämpfe auf Neu=Seeland stattgefunden; natürlich unterlagen die Eingeborenen der europäischen Kriegskunst und Mannszucht. Allein der Menschenfreund muß doch beklagen, daß die Civilisation auf so blutigen Wegen voranschreitet.

Was ins Besondere die Frage betrifft, ob den deutschen Australien, um sich dort anzusiedeln, empfohlen werden könne, so ist folgendes zu bemerken:

Alles auf dieser Erde ist relativ und hängt von mannigfaltigen Verhältnissen ab.

Im Allgemeinen bieten gewiß die Vereinigten Staaten Nord-Amerika's mehr Vortheile, als Australien.

1) Die Reise nach Australien ist kostbarer, zeitraubender und gefährlicher;

2) Die Beziehungen zum Mutterlande sind langsamer und schwieriger;

3) die Rückkehr in die alte Heimath, das Nachkommenlassen von Verwandten und Freunden ist daher auch weit schwerer;

4) Die Verfassung der australischen Colonien ruht nicht auf jenen erhabenen Grundsätzen der Freiheit und Volksherrlichkeit, wie im Schooße der nordamerikanischen Union.

5) Die Verhältnisse aller Art, sowohl die ökonomischen, staatlichen als sozialen haben nicht jenen soliden Charakter in Australien, wie in den amerikanischen Freistaaten.

Die Reise nach Australien kann gewöhnlich nur von einem englischen Hafen aus unternommen werden, da Deutschland keine direkten Verbindungen mit Australien hat. Doch von England aus gehen zahlreiche Schiffsgelegenheiten nach den australischen Seehäfen ab.

Dritter Abschnitt.

Wer soll auswandern, wer nicht?

§. 13. Im Allgemeinen.

Wer den Gedanken der Auswanderung hegt, muß sich vor allen Dingen klar bewußt sein, 1) daß seine Lage im alten Vaterlande unhaltbar geworden ist, 2) daß nach aller menschlichen Wahrscheinlichkeit sie sich in der neuen Heimath wesentlich verbessern werde.

Wenn die Leute einsehen, daß aller Sparsamkeit und allem Fleiße zum Trotze ihr Vermögen von Jahr zu Jahr abnimmt, oder wenn ein junger Mann oder ein junges Mädchen sich überzeugen, daß sie niemals so viel erwerben können als erforderlich ist zur Gründung eines selbstständigen Haushaltes, dann haben sie guten Grund in ein Land auszuwandern, welches ihnen eine gesicherte Zukunft verspricht. Unter den vielen politischen Gründen, welche zur Auswanderung drängen, stehen die Gesetze, betreffend die Niederlassung, die Gewerbe und die Verehelichung obenan. Man kann Niemandem zumuthen, im Vaterlande zu bleiben, wenn dieses solche Gesetze hat, welche ihm eine Niederlassung an dem Orte, wo er sich ernähren kann, und wo er wohnen will, und die Verehelichung mit einem geliebten Wesen unmöglich machen. Solche Gesetze finden sich aber fast in allen deutschen Staaten und so ziemlich in allen Cantonen der Schweiz, für alle diejenigen, welche sich außerhalb ihrer Heimaths=

gemeinde niederlassen, verehelichen und ein Gewerbe trei=
ben wollen. Drückende Abgaben, welche ihrerseits nur
die Folgen einer schlechten Staatsverfassung und Staats=
verwaltung sein können, bilden gleichfalls einen guten
Grund zur Auswanderung. Wenn dem Menschen auf
der einen Seite die Möglichkeit des Erwerbes erschwert,
und auf der andern eine drückende Abgabenlast aufgelegt
wird, so ist es kein Wunder, wenn ein so schwer gedrück=
ter Mensch in der Auswanderung sein Heil sucht.

§. 14. Nach Verschiedenheit der Stände.

Die erste Voraussetzung des Fortkommens in einem
fremden Lande ist das Bestreben, sich mit den dortigen
Einrichtungen, Verhältnissen, Sitten und Gewohnheiten
vertraut zu machen, auf diese die geeignete Rücksicht zu
nehmen, und danach den Lebensplan einzurichten.

Wer dazu bereit ist, Fleiß, Ausdauer und nur mit=
telmäßige Naturanlagen und einige Ausbildung be=
sitzt, wird in einem freien Lande früher oder später im=
mer vorwärts kommen. Namentlich haben geschickte Kauf=
leute und Fabrikanten, welche die Zeitverhältnisse richtig
würdigen, glänzende Aussichten für die Zukunft. Der
neue Zolltarif der Vereinigten Staaten Nordamerikas,
welcher viele sonst vom Auslande bezogene Fabrikate und
sonstige Waaren mit hohen Zöllen belegt, eröffnet für die
Anlegung aller Fabriken, welche durch die bezeichneten
Zölle geschützt werden, sehr günstige Aussichten. Bis zu
dieser Stunde gibt es z. B. in den Vereinigten Staaten
Nordamerika's nur sehr wenige Bandfabriken, Flachsspin=

nereien, Glashütten, Porzellan = und Steingut=Fabriken,
Kinderspielwaarenfabriken aller Art, Wachsbleichen u. s. w.,
während der Bedarf an allen Fabrikaten der bezeichneten
Art in stetem Zunehmen begriffen ist, und die Concurrenz
mit europäischen Waaren durch hohe Zölle erleichtert wird.
Allerdings sind die Arbeitslöhne in Amerika viel höher
als in den meisten Staaten Europa's, nichtsdestoweniger
werden amerikanische Fabrikanten, welche keinen Zoll und
keine Transportkosten zu bezahlen haben, und die Wünsche
des amerikanischen Publikums weit leichter in Erfahrung
bringen und berücksichtigen können, die Concurrenz mit
den europäischen Fabriken sehr wohl aushalten.

Am leichtesten wird aber freilich den Handwerkern,
Knechten, Mägden und Bauersleuten das Fortkommen
nicht blos in den Vereinigten Staaten, sondern auch in
den brittischen Colonien Nordamerika's, in den Republiken
Südamerika's, in Brasilien und Australien. In allen
diesen Ländern wird es fleißigen Personen so leicht, zu
einer selbstständigen Geschäftsführung zu gelangen, daß
gewöhnlich Leute, welche ihre Arbeit verdingen, im Laufe
weniger Jahre in den Stand gesetzt werden, auf eigene
Rechnung zu arbeiten. Es ist daher große Nachfrage
nach jungen Leuten, welche ihre Dienste vermiethen. Im
Verhältniß zu dieser Nachfrage steht immer der Preis.
Allen denjenigen, welche noch unverheirathet sind, und in
jungen Jahren stehen, ist es anzurathen, einige Zeit we=
nigstens bei andern Arbeitgebern Arbeit und Verdienst zu
suchen, weil sie in dieser Stellung die beste Gelegenheit
finden, sich mit den Geschäftsverhältnissen vertraut zu
machen, und diejenigen Erfahrungen zu sammeln, welche

eine nothwendige Voraussetzung eines umsichtigen Ge=
schäftsbetriebes bilden.

§. 15. Alters= und Gesundheitsverhältnisse.

Das geeignete Alter zur Auswanderung ist die Ju=
gend. Je jünger der Mensch nach der neuen Heimath
kömmt, desto leichter wird er sich daselbst zurecht finden.
Je älter er die neue Heimath betritt, desto schwerer wird
es ihm werden, die alte zu missen, und in dem neuen
Lande eine zweite Heimath zu finden. In der
neuen Welt fängt die Jugend gewöhnlich schon früher an,
etwas zu erwerben, als in der alten. Kinder sind daher
viel leichter heranzuziehen, als in der alten Welt. Sie
sind ein wirklicher Segen, während sie in Europa nur zu
oft den Eltern unerschwingliche Lasten bereiten.

Wer zum Ziele der Auswanderung nicht in nachläs=
siger Weise ein als ungesund bekanntes Land wählt, wer
sich einigermassen mit den Zuständen der neuen Welt ver=
traut gemacht hat, bevor er sie betritt, braucht im All=
gemeinen für seine Gesundheit nicht besorgt zu sein. Al=
lein jede große Reise, überhaupt jeder bedeutende Um=
schwung der Dinge setzt der Gesundheit einigermassen zu.

Wer aber auch eine gute Gesundheit besitzt, darf auf
dieselbe niemals pochen. Er muß, was Kleidung, Nah=
rung und Wohnung und alle übrigen Lebensbedürfnisse
betrifft, stets Rücksicht nehmen auf die Verhältnisse der
neuen Heimath. Er muß sich, auch im Sommer, wärmer
kleiden als in den minder warmen europäischen Ländern.
Er muß sich mehr als in der alten Welt vor jeder Ver=

letzung der Naturgesetze, vor jedem Akte der Unmäßigkeit in Acht nehmen. Wer das nicht will, thut besser, in der Heimath zu bleiben. Doktor und Apotheker sind in allen Auswanderungsländern, und so namentlich auch in den Vereinigten Staaten Nordamerika's sehr kostspielige Herren. Dazu steht die Zeit auch viel höher im Preise und viele Lebensbedürfnisse sind theurer. Wer daher als Kranker nichts verdienen kann, und noch die Kosten seiner Krankheit tragen muß, der geht meistens elend zu Grunde, falls ihm nicht bedeutende Mittel zur Verfügung stehen.

§. 16. Lebensgewohnheiten.

Der Auswanderer muß sich darauf gefaßt machen, alle ihm lieb gewordenen Gewohnheiten des alten Vaterlandes aufzugeben, falls die Verhältnisse der neuen Heimath ihm dieses Opfer auferlegen, allein weiter braucht er nicht zu gehen, vorausgesetzt, daß diese Gewohnheiten nicht an und für sich tadelnswerth sind, in welchem Falle er gut gethan hätte, sie schon in der alten Heimath abzulegen.

Deutsche Gemüthlichkeit im guten Sinne des Wortes, d. h. Mitgefühl mit den Leiden Anderer, Freundlichkeit und Herzlichkeit im Umgange mit Hohen und Niederen, Geselligkeit ohne störende Nebenrücksichten wird der Auswanderer in der neuen Heimath seltener finden als in der alten, weil das Streben nach Begründung einer Existenz viel mehr Regsamkeit voraussetzt, als das bloße Fortführen einer gewohnten Lebensweise.

Deutsche Gemüthlichkeit im schlechten Sinne des

Wortes findet der Auswanderer in allen Städten der neuen Welt nur in zu reichlichem Maße, d. h. Bier= und Weinbummelei, unterstützt durch deutsche Gemeinplätze, deutsche Vertraulichkeit mit dem Hintergedanken, durch die= selbe den „grünen" Einwanderer über den Löffel zu bar= bieren oder endlich deutsche Kleinlichkeit und Splitterrich= terei übertragen auf die Verhältnisse der neuen Welt.

Gemüthlichkeit im guten und schlechten Sinne des Wortes ist die Ausnahme und nicht die Regel im Leben der neuen Welt. Praktischer Sinn, Freiheitsgefühl und Selbstbewußtsein sind die Hebel, mit welchen die neue Welt in Bewegung gesetzt wird. Dabei kann im Schooße der Familie und im engeren Freundeskreise eine edle Ge= müthlichkeit wohl bestehen. Sie sollte in diesen engern Kreisen immer sorgfältig gehegt werden. Für das Ge= schäftsleben oder das politische Parteitreiben reicht aber auch die edelste Gemüthlichkeit nicht aus. Für die wei= teren Kreise des Lebens thut Kühnheit, Entschlossenheit und Festigkeit in der neuen Welt noch mehr Noth als in der alten.

Vierter Abschnitt.
Wie soll man auswandern?
§. 17. Erfte Vorbereitungen.

Die erste Frage, welche sich die zur Auswanderung entschlossene Person vorzulegen hat, ist: wohin? und die zweite: über welchen Seehafen? Mit der Antwort auf die erste Frage ist diejenige auf die zweite einigermaffen angedeutet.

Hat sich Jemand zur Auswanderung entschlossen, so ist es durchaus nothwendig, daß er seine Angelegenheiten ordne. Wo möglich soll er keine wichtige Angelegenheit in wirrem Zustande zurücklassen. Denn über den Ozean ist es schwer, Geschäfte zu erledigen.

Eine der wichtigsten Vorbereitungen zur Reise nach der neuen Welt bleibt immer die Sammlung richtiger Mittheilungen über dieselbe, sei es vermittelst guter Bücher *)

---

*) Als solche können wir bezeichnen:

Diesseits und jenseits des Ozeans. Zwanglose Hefte zur Vermittlung der Beziehungen zwischen Amerika und Deutschland, von Gustav Struve. 4 Hefte, das Heft zu 1 fl. 12 kr. oder 20 Sgr. Coburg, Streit's Verlagsbuchhandlung.

Traugott Bromme's Handbuch für Auswanderer und Reisende. Achte, sehr vermehrte und verbesserte Auflage von Gustav Struve. Bamberg 1866, Verlag der Buchner'schen Buchhandlung.

In demselben Verlage erschien ferner:

Wegweiser für Auswanderer von Gustav Struve. 11 Bogen.

ober mündlicher und brieflicher Nachrichten. Am besten
ist es, wenn Personen, welche auszuwandern geneigt sind,
sowohl allgemein zugängliche literarische Hilfsmittel als
persönliche Beziehungen benützen. Die Mittheilungen,
welche früher ausgewanderte Landsleute, sei es mündlich
ober schriftlich, machen, haben unstreitig ihre Bedeutung;
allein wenn sie nicht von durchaus zuverlässigen und un-
eigennützigen Personen herkommen, so können sie leicht
irre führen.

Für alle Fälle ist es gut, sich mit gewissen Ausweis-
papieren: Geburtsschein, Ehevertrag, Heimathschein,
Paß u. s. w. zu versehen. Der letztere wird sogar oft
als wesentliches Erforderniß der Ertheilung eines Platzes
in einem Schiffe verlangt. Gute Zeugnisse, Empfehlungs-
briefe, Nachweise über gemachte Studien können, den Umständen nach, jenseits des Ozeans gute Dienste leisten.
Doch muß sich Niemand darauf verlassen. Was die
Geldangelegenheiten betrifft, so wird jeder Auswanderer,
dessen Reiseziel die Vereinigten Staaten Nordamerika's
sind, falls er bedeutende Mittel zu seiner Verfügung hat,
wohlthun, entweder Wechsel oder aber amerikanische
Staatspapiere einzukaufen. Namentlich ist es eine zu
empfehlende Vorsichtsmaßregel, niemals alle Geldmittel,
welche man hat, an einem und demselben Orte zu ver-
wahren.

Eine sehr wichtige Frage betrifft die Zeit der Ein-
schiffung. Am angenehmsten und am wenigsten stürmisch
ist allerdings die Ueberfahrt gewöhnlich in den Monaten
Mai bis September. Allein für die erste Niederlassung
in Amerika ist die Zeit von Mitte Februar bis Ende

März am vortheilhaftesten, weil der Landwirth dann frühzeitig genug eintrifft, um noch säen und ernten zu können und jeder andere Auswanderer am leichtesten Arbeit findet.

§. 18. Die Reise nach dem europäischen Seehafen.

Die beiden Seehäfen, welche allen deutschen Auswanderern empfohlen werden können, sind Bremen und Hamburg. Für die Pfälzer und Schweizer, namentlich die Bewohner der westlichen Schweiz eignet sich Havre am besten.

Der Auswanderer, welcher sich in Bremen oder Hamburg einschiffen will, wird dringend ermahnt, sich gleich nach seiner Ankunft nach dem Expeditionshaus zu erkundigen, durch welches er befördert zu werden wünscht, und sich direkt dahin führen zu lassen, bevor er nach dem Gasthofe geht. Jedes Expeditionshaus hat seinen jungen Mann am Bahnhofe, welchem vom Bahnhofsbeamten des Nachweisungsbüreau's die Passagiere überwiesen werden. Macht es der Auswanderer umgekehrt, d. h. geht er zuerst in ein Wirthshaus, so kommt es oft vor, daß er dort Berichte empfängt, welche nicht seinem Interesse entsprechen. Manche Auswanderer sind dadurch in Schaden gekommen.

Die neue Dampferlinie des Nordamerikan Lloyd expedirt alle 14 Tage am Mittwoch, der norddeutsche Lloyd alle 14 Tage am Sonnabend einen Dampfer nach Amerika.

Der Auswanderer hat die Wahl, ob er auf eigene Faust nach dem Seehafen reisen, und entweder von seinem alten Wohnorte aus oder im Seehafen mit einem Schiffs

Kapitäne, Rheder oder Schiffsagenten seinen Ueberfahrts=
vertrag abschließen will, oder aber ob er mit einem Aus=
wanderungsagenten einen Vertrag für die ganze Reise,
d. h. von seinem Wohnorte aus bis zum amerikanischen
Hafenplatze abschließen will.' Bayern nehmen am besten
an den Grenzstationen gleich ihre Eisenbahnbillets bis
Bremen und Hamburg und genießen als Auswanderer
billigere Fracht und größeres Freigewicht.

Alle diejenigen, deren Mittel es erlauben, thun wohl,
nicht mit einem Segelschiffe, sondern mit einem D a m p f=
s ch i f f e überzufahren.

Dieser Satz gilt auch jetzt noch, obschon die Dampf=
schiffpassage für's Zwischendeck um Rthlr. 5, also auf
Rthlr. 65 oder fl. 113. 45 kr. erhöht ist.   Bedenkt
man, daß der Auswanderer bei Segelschiffen doch
etwas Proviant auf eigene Kosten mitnehmen, daß er den
Anzug, den er im Zwischendeck eines Segelschiffes getra=
gen hat, bei seiner Ankunft in Amerika wegwerfen muß,
so ist die Preisdifferenz zwischen Segel= und Dampfschiff=
so groß nicht, als sie auf den ersten Anblick erscheint, ab=
gesehen davon, daß wenigstens 4 Wochen gewonnen wer=
den, die gut angewendet, die Differenz mehr als gänzlich
ausgleichen.   Wo daher nur irgend möglich, reise der
Auswanderer mit dem Dampfschiffe.

§. 19. Auf der See.

Die Wahl des Schiffes ist entscheidend für die See=
reise. Wer in dieser Beziehung einen Mißgriff gemacht
hat, ist selten im Stande, die übeln Folgen desselben von
sich abzuwenden.   Wer zur Ueberfahrt ein Hamburger

ober Bremer Dampfschiff wählt, ist gut aufgehoben, selbst im Zwischendecke. Diejenigen aber, welchen hierzu die Mittel fehlen, und welche daher sich einem Segelschiffe anvertrauen müssen, sind doppelt aufgefordert, schon in Betreff der Auswahl des Schiffes Vorsicht zu üben. Nicht alle Schiffe, auch wenn sie an und für sich gut gebaut sind, segeln gleich schnell, und doch ist es für den Auswanderer von der höchsten Wichtigkeit, sobald als möglich am Ziel der Reise anzukommen. Auch ist es für den Reisenden gar nicht gleichgiltig, wer der Capitän des Schiffes ist. Im Allgemeinen kann zwar wohl angenommen werden, daß Hamburger und Bremer Schiffskapitäne ihr seemännisches Geschäft verstehen. Allein damit allein ist dem Auswanderer noch nicht gedient. Ist der Schiffskapitän nicht ein Mann von reinem Charakter, strengen Sitten und entschlossenem Wesen, so erlauben sich dessen Untergebene oft manche Ausschweifungen den Passagieren gegenüber, und diese finden dann, falls sie sich beschweren, kein Recht.

Hat der Auswanderer seine Wahl getroffen, ist er eingeschifft, dann muß er sich in die Verhältnisse schicken. Er thut wohl, sich immer Anfangs möglichst ruhig und beobachtend zu verhalten, sich nur mit großer Vorsicht Mitreisenden zu eröffnen und anzuschließen, und vor allen Dingen sich so zu benehmen, daß ihm die Seekrankheit nicht allzu empfindlich werde. Sobald das Schiff in das offene Meer kömmt und dieses bewegt ist, fallen die meisten Reisenden, welche noch nicht zur See gewesen waren, der Seekrankheit anheim. Wer dazu Anlage hat, wird derselben schwerlich entgehen, auch wenn er noch so vorsichtig ist. Allein er kann doch durch ein verständiges Betragen seine Leiden mindern und abkürzen oder im umgekehrten Fall sie vermehren und verlängern.

§. 20. Die Seehäfen der neuen Welt.

Der Seehafen, in welchem bei Weitem die meisten Auswandererschiffe landen, ist New=York. Der Landungsplatz der Hamburger und Bremer Dampfschiffe ist dermalen am Fuße der dritten Straße in Hoboken, am rechten Ufer des Hudson=Flusses, New=York gegenüber. In der Nähe des Landungsplatzes liegen die Hotels Hansa und Parkhotel, woselbst die Reisenden gut aufgehoben, besonders empfehlenswerth ist das Hotel Lievre, 2 Doll. 50 Cents per Tag. Wollen die Reisenden nach New=York überfahren, so können sie sich auf einer der drei von Hoboken ausgehenden Fähren hinüberbringen lassen. Von fünf zu fünf Minuten geht ein Fährschiff ab, und zwar nach drei oder vier, mehr oder weniger nördlich gelegenen Straßen New=York's.

Bevor der Reisende aber aussteigen kann, wird das Schiff zuerst bei Staten=Island von einem Gesundheits= offiziere untersucht; überdieß muß sein Gepäcke dem betreffenden Zollbeamten vorgewiesen und den Umständen nach der gesetzliche Zoll davon bezahlt werden. Beide Untersuchungen gehen aber gewöhnlich sehr rasch von Statten und glatt ab.

Die eigentlichen Auswandererschiffe landen bei dem sogenannten Castle=Garden, einem großen Gebäude, welches unter der Aufsicht der Auswanderungs=Commission steht,

und in welches nur als rechtschaffen gekannte Menschen
Zutritt erhalten. Innerhalb dieses Gebäudes kann der
Auswanderer jeden Rath, dessen er bedarf, von eigens
dazu angestellten Personen erhalten, und dort kann er verweilen, bis die Stunde seiner Abreise erschienen ist. Falls
er also in das Innere wandern will, braucht er in keinem
Wirthshause ein Unterkommen zu suchen. Er kann im
Castle-Garden bleiben, bis er auf die Eisenbahn oder das
Dampfschiff fährt, welche ihn weiter befördern sollen. Dort
findet der Auswanderer namentlich auch Angestellte der
deutschen Gesellschaft, welche ihm bereitwillig an die Hand
gehen. Will der Auswanderer in New-York verweilen,
so findet er dort deutsche Gasthöfe in Menge, in welchen
er sichere Unterkunft findet.

§. 21. Der Bestimmungsort.

Der Landwirth, welchem ansehnliche Mittel zur Verfügung stehen, und welcher entschlossen ist, auch in Amerika
die Landwirthschaft zu betreiben, findet dazu aller Orten
gute Gelegenheit. Er kann schon in der nächsten Nähe
des Hafenplatzes, in welchem er gelandet ist, vortheilhaft
seine Kapitalien anlegen und zugleich sich selbst eine lohnende Beschäftigung verschaffen. Will er im Osten bleiben, so thut er wohl, nicht allzuschnell Grund und Boden
zu kaufen, vielmehr solchen entweder gegen einen bestimmten Pachtschilling zu miethen, oder, wozu sich häufig Gelegenheit bietet, gegen Abgabe der halben Erndte zu be-
nutzen. Will der Landwirth dagegen weiter nach dem
Westen ziehen, so kann er, je nach Lust und Laune, den

4*

Staat Indiana, Illinois, Missouri, Jowa oder Minne=
sota wählen. In allen diesen Staaten findet der deutsche
Auswanderer zahlreiche Landsleute, und unermeßliche
Landstrecken, in welchen er sich größtentheils sehr billig
ankaufen kann.

Schon weiter oben haben wir des Heimstätte=Gesetzes
erwähnt. Wir können jedoch keinem mit den Verhältnissen
und der Sprache des Landes wenig vertrauten Einwan=
derer rathen, von den Wohlthaten dieses Gesetzes Gebrauch
zu machen. Wer entschlossen ist, sich auf Congreßlande
niederzulassen, thut wohl, vor allen Dingen genaue Er=
kundigungen einzuziehen, in welchem Staate und bei wel=
chem Landamte (land-office) noch die besten Ländereien
zu haben sind.

Handwerker lassen sich am besten in Städten nieder.
Sie werden gewöhnlich ohne große Schwierigkeiten An=
fangs Arbeit in dem Hafenplatze, in dem sie gelandet sind,
oder in dessen Nähe finden. Wenn sie keine besondern
Beziehungen zu irgend einem andern Orte haben, bleiben
sie am besten in der Hafenstadt oder in deren Umgebung,
bis sie in Erfahrung gebracht haben, an welchem Orte
sie ihr Geschäft mit dem größten Vortheile ausüben kön=
nen. Eben dieses gilt von Kaufleuten, Fabrikanten, Ge=
lehrten und Künstlern. Auf Gerathewohl nach dem fernen
Westen zu reisen, ist Niemandem zu empfehlen. Die gro=
ßen Städte des Ostens bieten nicht nur gute Gelegenheit,
Arbeit zu finden, sondern sie sind auch am meisten geeig=
net zur Sammlung zuverlässiger Nachrichten über alle
weiter westlich gelegenen Städte und ländlichen Bezirke.

§. 22. **Die erste Niederlassung**.

Wer nicht der bittern Lehrmeisterin Erfahrung an=
heimfallen will, thut wohl, sich einen bestimmten Plan zu
machen, und denselben so lange zu verwirklichen, als er
Aussicht auf Erfolg bietet. Je nach den Umständen mag
sich der Einwanderer an dem ersten Orte seiner Nieder=
lassung für kürzere oder längere Zeit einrichten. Viele
wollten an dem Ort ihrer ersten Niederlassung nur kurze
Zeit sich aufhalten, es gefiel ihnen jeden Tag besser, sie
fanden Arbeit und Verdienst und blieben nicht selten bis
zum Ende ihrer Tage. Andere kamen an mit dem festen
Vorsatze, ihren Wohnsitz an einem bestimmten Orte auf=
zuschlagen. Es gefiel ihnen nicht daselbst, sie zogen
weiter und fanden an einem andern Orte eine bleibende
Stätte.

Im Allgemeinen finden im amerikanischen Leben weit
mehr Veränderungen als im europäischen Statt. Der
Uebergang von einem Orte und von einem Gewerbe zum
andern ist in der neuen Welt viel leichter als in der alten,
und findet schon aus diesem Grunde häufiger Statt.
Hiezu kommt aber noch, daß der Amerikaner durchschnitt=
lich weit geneigter ist als der Europäer, eine Veränderung
vorzunehmen, einen kühnen Schritt zu thun, zu wetten
und zu wagen. Wer ohne alles Capital nach Amerika
kömmt, dem bleibt nichts Anderes übrig, als seine Arbeit
möglichst gut zu verwerthen. Der Landmann, welcher
aber ein gewisses Capital zu seiner Verfügung hat, muß
sich die Frage vorlegen, wie er dasselbe am besten an=

legen könne. Diese Frage muß sehr verschieden beant=
wortet werden, je nachdem sich der Einwanderer in den
östlichen oder in den westlichen Staaten niederlassen will.
In den östlichen Staaten, woselbst Grund und Boden oft
schon sehr theuer und dessen Werth von mannigfaltigen,
oft nicht auf den ersten Blick erkennbaren Umständen
abhängig ist, wo überdieß der Landmann als Pächter
oder auf andere Weise leicht eine lohnende Beschäftigung
finden kann, muß sich der Einwanderer wohl hüten, zu
rasch zu kaufen. Er thut am besten, ein Jahr oder zwei
sich genau nach allen Verhältnissen umzusehen, und dann
erst zu kaufen, wenn er im Stande ist, den Werth der
Grundstücke aus eigener Erfahrung selbst zu beurtheilen.
Ganz anders ist es aber im Westen, wo der Grund und
Boden noch sehr wohlfeil und wenig Gelegenheit ist,
Pachtungen zu übernehmen, oder sonst lohnende Arbeit
auf längere Zeit zu finden.

Aehnliche Verhältnisse finden auch beim Stande der
Handwerker statt. In den Städten des Ostens, welche
stark bevölkert sind, wirken gar mannigfaltige Bezieh=
ungen auf das Handwerk ein. Es frägt sich, wie
theuer ist die Miethe des erforderlichen Arbeitslokales,
wie verhält es sich mit der Kundschaft, von welcher Be=
schaffenheit muß die Arbeit sein, um zu lohnen? Diese
und hundert andere ähnliche Fragen muß der Meister,
welcher ein selbstständiges Geschäft anfangen will, sich
beantworten können, falls er sicher zu Werke gehen will.
Im fernen Westen, wo nur die allernothwendigsten
Handwerke mit Vortheil betrieben werden können, ist es
weit leichter, Gewißheit in Betreff der Einträglichkeit ei=

nes Gewerbes zu erlangen. Dem Handwerker, wie dem
Bauern, der sich im Osten niederlassen will, ist daher
anzurathen, er möge sich mit Ankauf von Land oder der
Gründung eines selbstständigen Geschäftes nicht über=
eilen, während umgekehrt dem Bauern und Handwerker,
welcher in dem fernen Westen sich niederlassen will, zu
rathen ist, so schnell als möglich Land anzukaufen, und
ein selbstständiges Geschäft zu begründen.

Jedem Einwanderer, er lasse sich im Osten oder
Westen als Handwerker oder Landwirth, oder in irgend
einem andern Berufe nieder, ist zu empfehlen, sofort bei
seiner ersten Niederlassung die erforderlichen Schritte zum
Erwerbe des amerikanischen Bürgerrechts zu thun. Er
braucht sich zu diesem Behufe nur bei der betreffenden
Behörde, welche er aller Orten leicht erfragen kann, ein=
schreiben zu lassen. Er erhält darüber eine Bescheinigung
und hat dafür 25 Cents zu entrichten. Hat er sich dann
mit den amerikanischen Verhältnissen vertraut gemacht,
manches europäische Vorurtheil abgelegt, und die ameri=
kanische Freiheit lieb gewonnen, so zeigt er nach Ablauf
von 5 Jahren das Papier vor, welches ihm von der be=
treffenden Behörde eingehändigt wurde, und empfängt
das sogenannte zweite Papier, d. h. seinen Bürgerschein
gegen eine geringe Vergütung, welche verschieden ist, je
nachdem derselbe auf gewöhnliches Papier oder Pergament
ausgestellt ist. Im letztern Falle kostet die Ausfertigung
zu New=York einen Dollar, auf gewöhnlichem Papier
50 Cents. - Doch wechseln die Preise in verschiedenen
Staaten und steigen, namentlich im Süden, wo die Be=
hörden gern hohe Sportel erheben, bis auf 10 Dollars.

Fünfter Abſchnitt.

Wie kommt man am beſten fort in der neuen Welt?

§. 23. Allgemeine Regeln.

In den Vereinigten Staaten Nordamerika's beſteht, wie auf allen übrigen Gebieten, ſo auch auf demjenigen der Gewerbe, eine vollſtändige Freiheit, während im alten Europa und namentlich in Deutſchland aller Orten eine mehr oder weniger vollſtändige Unfreiheit der Gewerbe beſteht. Die Freiheit der Gewerbe in Amerika zeigt ſich nicht blos in Betreff des Handwerks, indem der Schneider jeder Zeit Schuh= macher, der Zimmermann Schmidt, oder was er ſonſt im Bereiche der Handwerke werden will, werden kann, ſondern auch im Uebergang vom Handwerke zum Gelehrten= oder Künſtlerſtande. Mancher Schuhmacher iſt in Amerika Geiſt= licher, mancher Schneider Arzt geworden. Umgekehrt hat ſich der Gelehrte bisweilen auch ſchon in den Handwerker= ſtand einzutreten veranlaßt gefunden. Einem derartigen Uebergange von einem Gewerbe zum andern ſtehen nir= gends geſetzliche Hinderniſſe im Wege. Der Amerikaner bildet ſich nicht ein, daß er dasjenige Gewerbe, welches er als Knabe erlernte, nothwendig ſein ganzes Leben hin= durch treiben müſſe. Er findet in der Erlernung eines zweiten, dritten oder vierten Gewerbes keine unüberwind= liche Schwierigkeit. Sobald er ſich daher überzeugt, daß ein anderes Gewerbe ihm größere Vortheile verſpricht, als

dasjenige, welches er bisher betrieben hat, geht er zu die=
sem über. In Amerika wird alle Arbeit, auch diejenige
des Lehrlings bezahlt. Kein Meister bildet sich ein, daß
der Knabe, welcher für ihn arbeitet, für die Vergünstigung
arbeiten zu dürfen, noch Geld zahlen müsse. Allerdings
wird der Lehrling nicht so gut bezahlt, als der in seinem
Fache vollkommene Arbeiter, allein immerhin bezieht er
einen seinen Leistungen entsprechenden Lohn. In Amerika
frägt man nicht darnach, ob ein junger Mensch ein, zwei,
drei oder vier Jahre in der Lehre gewesen sei, sondern
nur darnach, ob er sein Geschäft verstehe; der Uebergang
von einem Geschäfte zum andern ist daher für einen ge=
wandten Menschen gar nicht schwer. Während er in ei=
nem Geschäfte arbeitet, eignet er sich die Kunstgriffe eines
verwandten Geschäftes an, tritt in dieses anfänglich viel=
leicht mit geringerem Lohne ein, verbessert sein Einkommen
nach und nach und ergreift, sobald es ihm beliebt, ein
neues Geschäft.

Um in solcher Weise mit Vortheil von einem Ge=
schäfte zum andern übergehen zu können, muß man na=
türlich sich mit den Verhältnissen der Geschäftswelt über=
haupt vertraut machen; das ist in Amerika nicht möglich,
wenn man nicht regelmäßig gute Zeitungen liest und per=
sönlichen Verkehr mit sachkundigen Menschen pflegt. Je=
der strebsame Arbeiter liest daher in Amerika regelmäßig
eine oder mehrere Zeitungen und sucht sich stets, sei es
in diesem oder jenem Vereine, dieser oder jener Ver=
sammlung, Berührungskunde mit sachkundigen Personen
zu verschaffen.

Jeder kann in Amerika nicht blos nach seiner Façon

selig werdn, sondern auch nach seiner Façon arbeiten, reden, sogar schimpfen, falls er nur dabei seinen Nächsten nicht verletzt.

§. 24. **Persönliche Beziehungen.**

Wie in den großen Kreisen des Staates und der Kirche, so gilt auch für die engeren Kreise der Familie die Freiheit als höchster Grundsatz in Amerika. Die Ehe ist dort ein bürgerlicher Vertrag, welcher, gleich jedem andern, unter dem Einflusse der bürgerlichen Gesetze und der bürgerlichen Behörden steht. Das bürgerliche Gesetz knüpft die Ehe an keine andern Bedingungen, als diejenigen, welche bei jedem andern Rechtsgeschäfte stattfinden, d. h. nur volljährige Personen können selbstständig die Ehe eingehen, Minderjährige bedürfen dazu der Beistimmung ihrer Eltern oder Vormünder. Die Geistlichkeit hat gesetzlich mit der Ehe gar nichts zu schaffen, d. h. die Ehe kann eingegangen werden ohne alle Mitwirkung irgend eines Geistlichen. Jeder Bürgermeister oder dazu beauftragte Gemeinderath in der Stadt oder auf dem Lande kann den Akt der Trauung rechtmäßig vollziehen. Häufig werden Ehen auch nur vor Notar und Zeugen geschlossen. Wenn übrigens Jemand vorzieht, seine Ehe durch einen Geistlichen einsegnen zu lassen, so steht nichts im Wege. Er kann sich nach Lust und Laune entweder in der Kirche oder in einer Privatwohnung trauen lassen.

In Amerika werden die Ehen gewöhnlich nach Herzensneigung geschlossen. Der Geldpunkt spielt schon aus

dem Grunde keine ſo große Rolle wie in Europa, weil
es gar nicht üblich iſt, den Töchtern viel mit zu geben.
Erſt nach dem Tode der Eltern können die Kinder auf
beren Vermögen rechnen, allein auch in dieſem Falle nur,
falls ſie denſelben keinen Grund zur Unzufriedenheit gegeben haben. In Amerika gibt es keinen Pflichttheil.
Vater und Mutter können über ihr Vermögen frei verfügen. Die Freiheit der Kinder entſpricht derjenigen der
Eltern. Die Kinder können ſich verheirathen, wie ſie
wollen, allein die Eltern können auch über ihr Vermögen
verfügen, wie es ihnen beliebt. Die Freiheit des einen
Theils legt derjenigen des andern natürliche Schranken
an, während auf dem Feſtlande Europa's die Unfreiheit
der Eltern in Betreff der Verfügung über ihr Vermögen
eine ſchlechte Entſchädigung für die Unfreiheit der Kinder
in Betreff der Eingehung einer Ehe iſt.

Auch die Kindererziehung entſpricht bem allgemein in
Amerika herrſchenden Geiſte der Freiheit. Im Allgemeinen werden die Kinder in Amerika ſehr mild und freund-
lich behandelt. Die Erziehung der Kinder iſt zwar gewöhnlich nicht ſo umfaſſend, als in Deutſchland, allein
um ſo mehr auf das unmittelbar Nothwendige und Prak-
tiſche gerichtet. Eltern, welche aus Europa nach Amerika
überſiedeln, ſind beſonders dazu aufgefordert, ihren Kin-
bern eine Erziehung angebeihen zu laſſen, welche die guten Seiten europäiſcher Bildung mit denjenigen der
amerikaniſchen vereinigt. Die Eltern ſelbſt haben noch
Vieles zu lernen, wenn ſie nach Amerika auswandern
und ſollten keine Gelegenheit, ſich ſelbſt weiter auszubil-
ben, vernachläſſigen.

Die Eltern, welche alle ihre Zeit und Kraft auf den Gelderwerb verwenden, werden sehr bald wahrnehmen, daß, falls sie nebenbei nicht auch, was Bildung des Geistes betrifft, wenigstens gleichen Schritt mit ihren Kindern halten, sie deren Achtung und Liebe verlieren und daher in ihren alten Tagen im fremden Lande ein trauriges Leben führen. Ihr Geld können die Eltern nicht besser verwenden, als auf die Ausbildung ihrer Kinder. Viele glauben sehr praktisch zu handeln, falls sie ihre Kinder so schnell als möglich zu Amerikanern heranziehen lassen. Die nothwendige Folge davon ist, daß diese amerikanisirten Kinder auf ihre Eltern, die es in der Amerikanisirung ihnen niemals gleich thun können, mit hoher Nase herabsehen. Eltern, welche eine solche Stellung ihren Kindern gegenüber vermeiden wollen, dürfen sich nicht damit begnügen, ihre Kinder in eine englische Schule zu schicken. Ich habe in Amerika viele deutsche kennen gelernt, welche zwar ganz leiblich deutsch sprechen, aber deutsch weder lesen noch schreiben konnten. Deutsche Zeitungen, überhaupt deutsche Lectüre waren denselben unverständlich. Von deutschen Dichtern, selbst von Schiller und Göthe, hatten sie nur sehr schwankende Begriffe. Von deutscher Philosophie hatten sie nie gehört. Nur für deutsches Geld und deutsche Waaren hatten sie Interesse.

Eltern, welche nicht wünschen, daß ihre Kinder sich in solcher Richtung entwickeln, thun wohl, diese, wenigstens einige Jahre lang, in eine deutsche Schule zu schicken, oder ihnen Privat=Unterricht im Deutschen geben zu lassen, oder ihnen diesen selbst zu ertheilen. Das deutsche Element ist jetzt schon so stark, daß, wenn es

die erforderlichen Opfer bringen wollte, es in der Union
aller Orten deutsche Schulen errichten könnte. Daß in
diesen englisch gelehrt wird, versteht sich von selbst. Allein
in den englischen Schulen wird nicht nur gewöhnlich kein
deutsch gelehrt, sondern auch nur zu häufig eine gewisse
hochnasige Geringschätzung der deutschen Sprache und
Nationalität entgegengesetzt.

§. 25. Uebergang von einem Orte und von einem Gewerbe zum andern.

In Amerika erstreckt sich das Bürgerrecht nicht blos
über die Gemarkung eines Dorfes oder einer Stadt. Wer
das Bürgerrecht in den Vereinigten Staaten besitzt, hat
es für einen Flächenraum von nahezu 400,000 engli=
schen Quadratmeilen. Sobald er durch einen Aufenthalt
von einigen Monaten zu erkennen gegeben hat, daß er
sich an diesem oder jenem Orte bürgerlich niederlassen
wolle, erwirbt er das Bürgerrecht des betreffenden Ortes
von selbst und keine Macht ist im Stande, es ihm strei=
tig zu machen.

Wenn der Amerikaner von der Küste des atlantischen
Oceans bis zu derjenigen der Südsee zieht, trifft er an
seinem neuen Wohnorte alle diejenigen wesentlichen Ge=
setze, Einrichtungen und Anstalten wieder an, von wel=
chen zunächst Freiheit und Recht, die Blüthe der Ge=
schäfte und der Aufschwung aller Verhältnisse abhängig
sind: Freiheit der Presse, aktive und passive Wahlfreiheit,
gleiche Münze, gleiches Maaß und gleiches Gewicht,
gleiche Verkehrsmittel, namentlich eine und dieselbe Post,

ein und dasselbe Zollwesen u. s. w. Er kann ohne größere Kosten dieselben Zeitungen und sonstigen patriotischen
Schriften lesen, welche er an seinem frühern Wohnorte zu
lesen pflegte. Für 3 Cents folgt ihm ein Brief über
3000 englische Meilen weit, nur wenn derselbe bis zur
Südsee geht, wird das Porto auf 10 Cents erhöht.
Allein für alle periodischen Schriften beträgt dasselbe auch
bis zur Südsee' nur 1 Cent.

In allen Theilen der Union müssen die in der Unabhängigkeitserklärung vom 4. Juli 1776 festgestellten
ewigen und unveräußerlichen Menschenrechte die Grundlage der Gesetzgebung bilden. Allein unter dieser Voraussetzung kann jeder einzelne Staat seine besonderen, den
Verhältnissen entsprechenden Gesetze machen. In jedem
einzelnen Staate besteht daher, ungeachtet der allgemein
freiheitlichen Grundlage eine der Verschiedenheit der ört-
lichen Bedürfnisse entsprechende Mannigfaltigkeit der gesetzlichen Einrichtungen.

Eine Ausnahme von Bedeutung macht hierin nur
der Süden, in dessen Schooße bis auf die letzte Zeit die
Sklaverei bestand. Neben dieser fluchwürdigen Einrichtung
konnte weder wahre Preßfreiheit, noch irgend eine andere
Freiheit, weder wirkliches Stimmrecht, noch irgend ein
anderes Recht bestehen. Jede Freiheit und jedes Recht
wurde der Sklaverei, d. h. dem Interesse der Sklavenhalter untergeordnet.

Zwar ist die Sklaverei abgeschafft worden, allein
die Nachwehen derselben: auf der einen Seite Herrschsucht
und Grausamkeit der ehemaligen Herren, auf der andern
Unwissenheit und Knechtsinn der ehemaligen Sklaven sind

geblieben und werden vor Ablauf vieler Jahre schwerlich vergehen.

Zieht der Amerikaner von einem Orte zum andern, so bedarf er keines Passes, keiner Aufenthalts=Karte, überhaupt keiner polizeilichen Bürgschaft irgend einer Art. Er braucht sich weder bei seiner Abreise vom alten, noch bei seiner Ankunft am neuen Wohnorte bei irgend einer Behörde, weder bei einer weltlichen, noch geistlichen, zu melden. Er packt seine Sachen zusammen, nimmt sie mit sich auf die Eisenbahn oder das Dampfschiff, das ihn fortbringen soll, weiß, wohin er will, hält an, wo er will, läßt sich nieder, wo es ihm beliebt, ohne daß er jemals nach einem Legitimationspapiere befragt wird.

Ebensoleicht, wie der Uebergang von einem Orte ist auch derjenige von einem Gewerbe zum andern, oder die Betreibung verschiedener Gewerbe zu gleicher Zeit. Der amerikanische Landwirth von Regsamkeit begnügt sich selten mit dem Ackerbau und der Viehzucht. Er treibt daneben Handel und Handwerk, Kunst und Wissen= schaft. Umgekehrt siedelt sich der Handwerker gern auf dem Lande an, bebaut aber den Acker, und treibt dabei sein Handwerk nach der Stadt, wie früher, als er noch darin wohnte. Jeden Sonnabend fährt er dahin oder schickt seine Frau oder einen Knaben, liefert ab, was er fertig gemacht hat und nimmt wieder Arbeit auf die nächste Woche mit.

Eine derartige Vereinigung mehrerer Gewerbe ist größtentheils der Gesundheit des Körpers und des Gei= stes sehr förderlich. Fortgesetzte Arbeit in einem und demselben Geschäfte ist oft sehr schädlich, während bei ge= höriger Abwechslung Geist und Körper frisch bleiben.

Ueberdieß giebt es sehr viele Gewerbe, welche sich gegenseitig in die Hand arbeiten in der Art, daß die Abfälle des einen dem andern dienen, oder daß die Produkte des einen von dem andern am besten benützt werden können.

Die amerikanischen Landwirthe ziehen z. B. Johannisbeeren, Himbeeren, Stachelbeeren und andere Beeren in großer Masse und Vorzüglichkeit und bereiten daraus Weine, welche hoch bezahlt werden, Eingemachtes aller Art, welches sie in die Städte liefern und dabei einen schönen Gewinn machen.

Der Krämer, welcher seinen feststehenden Laden hat, begnügt sich nicht damit, abzuwarten, daß die Kunden zu ihm kommen. Er fährt mit seinem Wagen auf dem Lande herum, und versieht so seine Kunden, welche nicht Zeit hätten, zu ihm zu kommen. Eben dieses gilt von dem Bäcker und Schlächter. Dabei ist der Krämer, Bäcker, Schlächter, Schneider oder Schuhmacher, den Umständen nach, Postmeister, Friedensrichter, Schul-Inspektor, Oberst, Major, Hauptmann oder Lieutenant in der Miliz oder irgend etwas anderes, wozu ihn das Vertrauen seiner Mitbürger erwählt hat.

Alle die kleineren Stellen, welche nicht soviel eintragen, daß eine Familie davon anständig leben kann, im Dienste des Staates und der Gemeinden werden fast regelmäßig von Personen versehen, welche entweder nebenbei oder hauptsächlich ein anderes Geschäft auf eigene Rechnung betreiben. Sollten alle diese Leute allein von dem Ertrag ihres Staats- oder Gemeinde-Dienstes leben, so müßten sie entweder sich mit ihren Familien sehr einschränken, oder Staat und Gemeinde müßten mit unerträglichen Lasten beschwert werden.

Auf die Vereinigung mehrerer Gewerbe ist sehr oft das schnelle Wachsen der Städte zurückzuführen. Wo ein Gewerbe mit dem andern sich nicht fest verbindet, nimmt es doch auf dasselbe geeignete Rücksicht. Wenn sich Maurer und Zimmermann zum Baue einer ganzen Straße verbinden, so machen sie allerdings Thüren und Fenster nicht selbst, allein sie finden dieselbe von allen Größen nach ihrem Bedarfe vorräthig, und brauchen daher auf deren Anfertigung nicht zu warten. Der Glaser seinerseits braucht keine Scheibe zuzuschneiden. Alle Fenster haben bestimmte Größenverhältnisse, also z. B. ein Fuß lang und acht Zoll breit, oder zwei Fuß lang und sechszehn Zoll breit. Der Landbewohner braucht daher niemals einen Glaser. Bricht ihm eine Scheibe entzwei, so kauft er sich dieselbe beim Krämer ein, für einen Cent Fensterkitt dazu, und da die Scheibe die erforderliche Größe besitzt, ist es für ihn eine Kleinigkeit, dieselbe einzufügen.

Wer in Amerika auf dem Lande wohnt, selbst in der Nähe großer Städte, um so mehr aber fern von denselben, muß sehr reich sein, wenn er bei jeder Gelegenheit zum Handwerker schicken will, daß er komme, ihm diesen oder jenen Schaden auszubessern. Ja, inmitten einer großen Stadt thut jeder, welcher nicht sehr reich ist, wohl, soviel als möglich in seinem Haushalte selbst zu besorgen, weil die Handwerker sich ihre Zeitversäumniß hoch bezahlen lassen, und wohl daran thun, denn ihnen ist die Zeit das einzige Capital, von dessen Zinsen sie leben können.

§. 26. Zusammenhang der alten mit der neuen Welt.

Die Aufrechterhaltung freundlicher Beziehungen mit der alten Heimath hat nicht blos eine gemüthliche, künstlerische und wissenschaftliche Bedeutung, sie hat überdieß auch einen materiellen, einen gewerblichen Boden, welcher bei richtiger Behandlung eine reiche Ernte verspricht.

Der Auswanderer, welcher Waaren mit sich nach Amerika nehmen würde, könnte selten gute Geschäfte machen, weil der Handel seine zwei Seiten hat, den Ankauf und den Verkauf der Waaren, und der Handelsmann beide Seiten des Geschäftes gut verstehen muß, wenn er Erfolge erwarten will. In Deutschland mag der Auswanderer die eine Seite des Geschäfts genau kennen gelernt haben, die andere Seite desselben, den Verkauf der Waaren, kann er erst in Amerika lernen. Sie erfordert mancherlei Kenntnisse, Einrichtungen und Beziehungen, welche nur derjenige erwerben kann, welcher an Ort und Stelle mit offenem Sinne und scharfem Blicke sich inmitten der Geschäftswelt bewegt hat.

Da die Deutschen in Amerika mit den Landsleuten der alten Heimath in einem gewissen Wechselverhältnisse leben, so haben alle diejenigen Waaren, Sitten und Gewohnheiten, welche in der alten Heimath aufkommen, auch für die Deutschen in Amerika eine gewisse Bedeutung. Wer daher in allen diesen Beziehungen immer die neuesten und zuverlässigsten Nachrichten besitzt und auf diese seine Handelsgeschäfte gründet, kann auf den besten Erfolg rechnen. Das gewerbliche Leben in Deutschland bringt unausgesetzt so viel Neues zu Tage, daß, wer das-

selbe genau kennt, und mit dessen Entwicklung gleichen
Schritt hält, in Amerika immer etwas vor demjenigen
voraus hat, welcher sich um deutsche Zustände nichts be-
kümmert. Die Festhaltung und Pflege der Beziehungen
mit der alten Welt schließt ein inniges Verhältniß mit
der neuen keineswegs aus. Im Gegentheil wird derjenige, welcher, wenn auch nur in gewerblicher Beziehung,
den Entwicklungen einer Nationsachkundige Aufmerksam-
keit widmet; auch denjenigen einer andern mit größerer
Leichtigkeit folgen lernen.

Je höher der Standpunkt des Menschen
ist, desto weiter reicht sein Blick. Der Auswanderer,
welcher aus Europa nach Amerika übersiedelt, wird durch
diese Thatsache schon gezwungen, einen Standpunkt einzunehmen, von welchem aus er beide Theile der Erde
übersehen kann. Je Beschränkter ein Mensch ist,
desto weniger zieht er alles dasjenige, was ihm fern liegt,
in den Kreis seiner Berechnung. Es ist eine der schönen
Seiten der Auswanderung und der zwischen Europa und
Amerika gepflogenen Verhältnisse, daß alle diejenigen,
welche an denselben lebendigen Antheil nehmen mit un-
widerstehlicher Gewalt gedrängt werden, einen höhern
Standpunkt einzunehmen. Es liegt hierin eine Annäher-
ung an den Cosmopolitismus, an das Weltbürgerthum; um-
fassen doch die Vereinigten Staaten Nordamerika's zahlreiche Stellvertreter aus fast allen Theilen der Erde. Wir
verstehen aber allerdings unter Weltbürgerthum nicht jenen Dünkel, welcher sich erhaben glaubt über die Vorur-
theile, Leidenschaften und Bestrebungen des Vaterlandes,
weil es ihm überhaupt an jedem Mitgefühle für andere.

Menschen und an jeder Aufopferungsfähigkeit gebricht. Das wahre Weltbürgerthum fängt damit an, die Pflichten gegen das Vaterland auf's gewissenhafteste und mit Begeisterung zu erfüllen, bleibt aber dabei nicht stehen, sondern bemüht sich, alle diejenigen Güter, welche sein Land vor andern voraus hat, diesen auch zu Theil werden zu lassen.

Der Mensch, welcher sich nur mit sich selbst, seiner Familie oder seiner Gemeinde beschäftigt und dessen Blick über diese engen Kreise der Wirksamkeit nicht hinausreicht, kennt nicht den mit jeder großartigen Anschauung und Wirksamkeit verbundenen Hochgenuß, Geld und Gut haben nur in so fern Werth, als sie richtig verwendet werden. Wer sich derselben nur für seine eigene Person oder seine Familie bedient, erhebt sich nicht über die Thierwelt, denn auch diese sorgt für sich selbst und für die junge Brut. Viele Einwanderer, welche sich unter dem Schutze der amerikanischen Gesetze Wohlstand, ja Reichthümer erworben haben, sind dadurch zu sehr wenig Lebensfreudigkeit gelangt. Diese wird dem Menschen nur insofern zu Theil, als er außer den niedrigen Trieben, die er mit dem Thiere gemein hat, die höhern Kräfte seines Geistes und seiner Seele, welche ihn über die Thierwelt erheben, übt und entwickelt.

In welcher Weise der Einwanderer dieses thun will, bleibt ihm natürlich überlassen. Treibt es ihn, diejenigen Mittel und Kräfte, welche er für seine Person oder seine Familie entbehren kann, zum Besten seiner neuen Heimath zu verwenden, so können wir das nur loben. Allein nicht minder lobenswerth finden wir es, wenn er im Vollgenusse amerikanischer Freiheit seiner gedrückten deutschen Brüder gedenkt, und sich bemüht, ihnen dieselben

Güter zu verschaffen, durch welche er in Amerika glücklich würde und welche den Glanzpunkt der neuen Welt bilden.

Gewöhnlicher Cours amerikanischer Münzen gegen Thaler und süddeutsche Währung.

a) Vereinigte Staaten.

a) Gold.

	Thlr.	Sgr.	Pf.	Gulden.	kr.
Double-Eagle (20 Dollars)	27	17	5	48	16
Eagle (10 Dollars)	13	23	7	24	8
Half-Eagle (5 Dollars)	6	26	8	12	4
3 Dollarstück	4	4	—	7	14
Quarter-Eagle (2½ Dollars)	3	13	4	6	2
Dollar).	1	11	3	2	24
25 Cents (Quarter-Dollar)	—	10	9	—	37
½ Dime (ver. 1853)	—	4	3	—	15
½ Dime	—	2	1	—	7
Goldbollar					

Seit 1852 sind die Halb-Dollars um ca. 70/0 ihres Gewichts verringert; so auch die folgenden kleineren Theilstücke.

b) Silber.

	Thlr.	Sgr.	Pf.	Gulden.	kr.
1 Dollar = 100 Cents	1	13	—	2	31
½ Dollar (von 1853)	—	21	6	1	15
½ Dollar.	—	20	—	1	10

b) Mexiko.

Gold.

	Thlr	Sgr	Pf.	Gulb.	kr.
8 Escudos (Onza de oro)	21	21	2	37	59
4 Escudos	10	25	1	18	59
2 Escudos	5	12	—	9	29
1 Escudo	2	21	—	4	44
½ Escudo	1	10	—	2	22

www.ingramcontent.com/pod-product-compliance
Lightning Source LLC
Chambersburg PA
CBHW020235090426

42735CB00010B/1707